中国旅游统计年鉴

（副本）

THE YEARBOOK OF CHINA TOURISM STATISTICS（SUPPLEMENT）

2016

中 华 人 民 共 和 国 国 家 旅 游 局
NATIONAL TOURISM ADMINISTRATION OF
THE PEOPLE'S REPUBLIC OF CHINA

中国旅游出版社

中国旅游统计年鉴编辑委员会

LIST OF EDITIONAL BOARD OF THE YEARBOOK OF CHINA TOURISM STATISTICS

编 者 说 明

《中国旅游统计年鉴（副本）2016》是反映 2015年我国旅游业供给要素诸方面情况的资料性年刊。主要内容有，上篇：全国旅游企业综合资料，包括各省、自治区、直辖市和主要城市旅游企业的主要经济指标；下篇：全国星级饭店综合资料。

作为《中国旅游统计年鉴》的重要补充，本书是了解、研究我国旅游生产力的规模、布局、结构以及旅游企业经济效益等方面情况的重要参考资料，翔实的旅游饭店的统计资料，对于研究旅游饭店业在我国旅游业跨世纪发展中的地位、作用及自身发展轨迹更具有重要的参考价值。本书可供旅游部门、国民经济各有关部门、教学科研单位以及经济工作者和大专院校师生使用。

本书资料来源于全国各省、自治区、直辖市旅游局每年进行的定期报表统计，统计口径与国家旅游局和国家统计局联合制定的《旅游统计调查制度》规定的口径一致。

全国统计数据均未包括我国香港特别行政区、澳门特别行政区和台湾省的数字。

本书中有“#”号者表示为该栏的主要项或其中项；有“—”号者表示该项数据不详或无可比性。

中国旅游统计年鉴编委会

二〇一六年十一月

目 录

上篇　全国旅游企业综合资料

一、全国旅游企业综合资料

二、分地区旅游企业资料

上篇

全国旅游企业综合资料

一、全国旅游企业综合资料

1-1 全国旅游企业

	固定资产原价（万元）	营业收入（万元）	利润（万元）	营业税金及附加（万元）
合计	**77 901 680.45**	**68 983 295.81**	**410 567.78**	**1 757 629.03**
（一）旅行社	6 966 374.74	41 890 132.49	185 969.24	161 151.50
（二）星级饭店	54 612 983.53	21 067 539.91	–142 560.06	1 365 327.93
内资饭店	48 855 294.25	19 036 403.71	–224 597.61	1 252 036.57
外资饭店	5 757 689.28	2 031 136.20	82 037.55	113 291.35
（三）旅游景区	16 322 322.18	6 025 623.41	367 158.60	231 149.60

注：旅游景区数据为抽样结果，含A级和非A级景区。
NOTE: DATA OF TOURIST ATTRACTIONS IS A SAMPLING RESULT, INCLUDING A–GRADE SCENIC SPOTS AND NON–A GRADE ONES.

主要经济指标（按行业分）

利润率（%）	全员劳动生产率（万元／人）	人均实现利润（万元／人）	人均固定资产原价（万元／人）	从业人员（人）	企业数（家）
0.60	**35.76**	**0.21**	**40.38**	**1 929 272**	**40 329**
0.44	112.20	0.56	20.86	334 030	27 621
–0.68	15.67	–0.11	40.62	1 344 503	10 550
–1.18	15.20	–0.18	39.01	1 252 431	10 167
4.04	22.06	0.89	62.53	92 072	383
6.09	24.03	1.46	65.10	250 739	2 158

1-2 全国旅行社

	固定资产原价（万元）	营业收入（万元）	利润（万元）	营业税金及附加（万元）
全国	**6 966 374.74**	**41 890 132.49**	**185 969.24**	**161 151.50**
北京	1 151 291.64	7 102 808.65	63 807.74	30 401.48
天津	156 634.08	410 201.04	–4 247.70	1 700.00
河北	192 397.35	342 385.39	1 948.25	1 428.04
山西	87 967.94	584 149.99	5 598.25	1 092.15
内蒙古	69 049.53	213 539.19	1 809.11	1 193.37
辽宁	128 493.74	1 250 417.50	12 713.62	4 889.67
吉林	33 184.08	187 994.98	1 840.83	1 142.94
黑龙江	59 211.87	316 229.20	5 010.73	1 259.03
上海	321 962.66	7 021 708.10	–22 439.16	24 168.45
江苏	662 580.31	3 246 207.67	–7 502.57	8 466.18
浙江	558 515.67	2 585 303.91	12 017.84	11 347.42
安徽	177 481.32	709 452.71	4 973.72	2 375.99
福建	405 379.47	2 051 840.93	11 732.53	7 551.05
江西	130 314.47	378 863.57	2 009.24	1 525.63
山东	524 552.02	1 705 434.59	39 842.63	7 435.01
河南	104 893.70	237 570.37	–812.67	1 017.85
湖北	459 217.41	1 311 409.91	23 976.17	6 364.09
湖南	78 114.15	1 192 498.94	4 829.50	4 156.25
广东	782 436.60	6 077 258.69	30 313.80	27 637.86
广西	61 798.41	398 848.53	–287.73	1 541.06
海南	47 522.22	406 260.97	–1 004.78	1 366.78
重庆	178 814.24	1 273 074.04	898.90	3 500.30
四川	159 058.21	741 124.03	4 200.24	2 412.22
贵州	16 565.77	242 366.09	931.57	981.11
云南	218 263.61	715 969.06	–4 449.37	2 680.38
西藏	9 114.28	92 145.69	835.16	267.05
陕西	53 162.39	634 821.78	–625.44	1 695.10
甘肃	43 042.26	76 257.54	440.96	228.44
青海	26 062.84	81 560.79	–335.32	231.96
宁夏	9 940.06	85 955.91	–642.01	223.43
新疆	59 352.44	216 472.74	–1 414.82	871.23

主要经济指标（按地区分）

利润率（%）	全员劳动生产率（万元／人）	人均实现利润（万元／人）	人均固定资产原价（万元／人）	从业人员（人）	企业数（家）
0.44	**112.20**	**0.56**	**20.86**	**334 030**	**27 621**
0.90	197.02	1.88	33.99	33 871	1 397
−1.04	96.45	−1.23	45.41	3 449	400
0.57	54.89	0.33	32.64	5 894	1 360
0.96	63.44	0.73	11.51	7 641	783
0.85	29.84	0.26	9.83	7 021	953
1.02	128.09	1.33	13.44	9 559	1 253
0.98	43.23	0.45	8.07	4 113	651
1.58	60.99	0.97	11.42	5 183	672
−0.32	194.91	−0.91	13.08	24 607	1 225
−0.23	141.20	−0.35	31.26	21 194	2 160
0.46	102.21	0.50	23.21	24 066	2 028
0.70	67.51	0.51	18.15	9 776	1 068
0.57	118.58	0.73	25.18	16 100	846
0.53	58.15	0.33	21.36	6 102	750
2.34	76.25	1.92	25.23	20 794	2 109
−0.34	28.91	−0.11	13.94	7 524	1 082
1.83	83.66	1.63	31.31	14 667	1 037
0.40	99.89	0.42	6.79	11 504	835
0.50	136.91	0.70	18.16	43 077	1 901
−0.07	61.43	−0.05	10.39	5 949	539
−0.25	80.66	−0.23	11.02	4 314	363
0.07	160.53	0.12	23.03	7 763	522
0.57	81.08	0.61	23.12	6 881	502
0.38	80.19	0.39	6.92	2 395	306
−0.62	77.27	−0.50	24.59	8 875	766
0.91	78.93	0.76	8.26	1 103	196
−0.10	62.71	−0.07	5.77	9 219	680
0.58	18.05	0.11	11.02	3 906	445
−0.41	45.45	−0.19	14.55	1 791	238
−0.75	52.10	−0.39	6.08	1 635	111
−0.65	92.07	−0.35	14.63	4 057	443

1-3 全国星级饭店

	固定资产原价（万元）	营业收入（万元）	利润（万元）	营业税金及附加（万元）
全国	**54 612 983.53**	**21 067 539.91**	**−142 560.06**	**1 365 327.93**
北京	6 897 459.09	2 718 959.54	75 001.78	149 768.98
天津	527 357.27	236 918.06	−32 343.33	12 921.59
河北	1 872 608.95	525 441.34	−118 465.48	31 896.30
山西	897 698.70	223 064.75	−47 189.84	23 347.06
内蒙古	1 008 598.76	276 282.49	−37 046.03	14 367.52
辽宁	2 041 520.08	574 172.12	−79 185.55	32 508.04
吉林	553 315.71	172 369.18	−21 400.85	11 184.49
黑龙江	584 942.82	198 873.08	−5 945.30	9 642.48
上海	3 415 077.58	1924654.47	225 683.77	105 403.66
江苏	3 274 941.79	1656937.07	−27 382.24	89 327.85
浙江	4 515 495.09	2 004 114.03	−78 233.08	109 200.57
安徽	1 392 989.21	502 514.60	−26 965.57	27 169.42
福建	1 457 415.42	900 053.58	−9 578.15	151 237.07
江西	792 205.91	359 110.32	2 338.39	57 013.29
山东	3 057 816.09	1 155 884.40	−61 198.50	61 132.07
河南	839 406.10	369 486.10	−37 954.55	21 195.05
湖北	1 258 240.90	464 838.01	−15 961.58	23 090.00
湖南	1 513 938.47	644 405.86	−21 018.80	67 543.15
广东	7 455 876.07	2 112 835.11	264 552.43	117 443.12
广西	963 551.92	395 642.22	−24 136.46	28 348.93
海南	1 002 222.59	436 362.24	23 414.69	22 957.43
重庆	985 171.55	429 615.22	−21 001.39	22 786.34
四川	1 991 305.52	709 880.33	−13 985.39	41 053.01
贵州	606 278.04	255 303.52	−319.60	15 440.67
云南	1 820 499.11	453 703.68	1 103.15	27 439.51
西藏	281 770.42	51 309.16	−1 294.99	3 108.83
陕西	1 276 331.40	496 681.48	−21 929.82	24 358.38
甘肃	684 596.26	261 727.95	1 547.65	12 339.65
青海	239 783.23	95 634.03	1 600.38	12 631.85
宁夏	406 212.92	78 181.04	−7 485.66	5 063.89
新疆	998 356.58	382 584.94	−27 780.13	34 407.73

主要经济指标（按地区分）

利润率 （%）	全员劳动生产率 （万元／人）	人均实现利润 （万元／人）	人均固定资产原价 （万元／人）	从业人员 （人）	企业数 （家）
−0.68	**15.67**	**−0.11**	**40.62**	**1 344 503**	**10 550**
2.76	27.33	0.75	69.32	99 502	509
−13.65	17.94	−2.45	39.94	13 205	87
−22.55	11.10	−2.50	39.56	47 330	377
−21.16	9.10	−1.92	36.61	24 521	196
−13.41	11.39	−1.53	41.58	24 256	278
−13.79	14.54	−2.01	51.70	39 490	382
−12.42	11.90	−1.48	38.21	14 480	164
−2.99	14.36	−0.43	42.23	13 852	206
11.73	35.69	4.18	63.32	53 930	228
−1.65	19.56	−0.32	38.65	84 728	608
−3.90	20.39	−0.80	45.94	98 288	688
−5.37	11.77	−0.63	32.62	42 706	339
−1.06	16.10	−0.17	26.08	55 890	352
0.65	13.50	0.09	29.78	26 598	311
−5.29	13.82	−0.73	36.56	83 645	650
−10.27	10.85	−1.11	24.64	34 066	303
−3.43	9.95	−0.34	26.93	46 727	361
−3.26	12.77	−0.42	30.00	50 472	429
12.52	15.95	2.00	56.28	132 474	735
−6.10	5.74	−0.35	13.97	68 957	400
5.37	20.42	1.10	46.90	21 369	123
−4.89	15.06	−0.74	34.54	28 524	212
−1.97	14.39	−0.28	40.37	49 329	395
−0.13	12.10	−0.02	28.73	21 104	298
0.24	8.94	0.02	35.86	50 767	614
−2.52	7.00	−0.18	38.47	7 325	55
−4.42	10.53	−0.46	27.05	47 189	353
0.59	11.97	0.07	31.30	21 869	296
1.67	12.07	0.20	30.26	7 924	158
−9.57	12.06	−1.15	62.67	6 482	86
−7.26	13.91	−1.01	36.30	27 504	357

1-4 全国内资星级饭店

	固定资产原价（万元）	营业收入（万元）	利润（万元）	营业税金及附加（万元）
全国	**48 855 294.25**	**19 036 403.71**	**-224 597.61**	**1 252 036.57**
北京	6 790 786.69	2 683 719.54	78 456.08	147 806.58
天津	521 966.67	230 540.36	-30 235.55	12 738.68
河北	1 752 743.39	505 410.71	-110 728.46	30 539.82
山西	888 450.00	219 031.35	-45 514.64	23 100.56
内蒙古	892 023.86	256 328.99	-31 183.73	13 281.82
辽宁	1 449 937.11	444 620.50	-67 638.44	24 325.01
吉林	472 990.81	152 599.58	-20 835.05	10 150.59
黑龙江	533 326.62	177 409.78	-8 788.20	8 487.38
上海	3 348 480.69	1 784 382.28	179 449.80	97 736.43
江苏	2 887 945.03	1 488 774.37	-18 514.38	80 161.75
浙江	3 834 341.67	1 753 683.73	-88 135.27	94 928.40
安徽	1 307 418.79	481 467.10	-27 391.78	26 225.16
福建	1 047 956.58	687 432.97	-4 686.61	138 703.32
江西	714 221.76	337 367.42	1 456.55	55 735.47
山东	2 732 034.29	1 070 601.30	-53 721.90	56 673.47
河南	785 484.47	338 515.25	-34 228.32	19 033.89
湖北	1 044 799.38	402 806.81	-12 384.98	20 373.99
湖南	1 443 909.89	619 585.24	-19 808.09	65 899.42
广东	6 521 329.28	1 766 534.85	227 914.71	98 258.31
广西	815 942.15	366 099.41	-15 709.59	26 758.09
海南	746 785.48	289 849.52	-15 742.64	16 119.00
重庆	815 021.55	375 567.62	-32 210.49	19 891.34
四川	1 656 905.30	659 161.04	-16 343.23	37 567.07
贵州	567 959.34	250 243.42	441.40	15 165.79
云南	1 690 910.26	425 764.28	397.57	25 958.69
西藏	281 770.22	45 324.06	-1 975.69	2 747.63
陕西	1 026 417.80	419 365.03	-24 881.66	20 047.98
甘肃	644 149.16	253 401.54	2 135.39	11 872.95
青海	239 783.23	95 634.03	1 600.38	12 631.85
宁夏	401 228.51	77 311.79	-7 992.66	4 967.31
新疆	998 274.28	377 869.84	-27 798.13	34 148.83

主要经济指标（按地区分）

利润率 （%）	全员劳动 生 产 率 （万元／人）	人均实现 利 润 （万元／人）	人均固定 资产原价 （万元／人）	从业人员 （人）	企业数 （家）
-1.18	**15.20**	**-0.18**	**39.01**	**1 252 431**	**10 167**
2.92	27.17	0.79	68.75	98 775	508
-13.12	17.65	-2.32	39.97	13 060	84
-21.91	11.06	-2.42	38.35	45 701	369
-20.78	9.08	-1.89	36.81	24 134	194
-12.17	10.95	-1.33	38.12	23 399	276
-15.21	13.74	-2.09	44.80	32 367	347
-13.65	11.15	-1.52	34.58	13 680	162
-4.95	13.34	-0.66	40.09	13 302	203
10.06	34.78	3.50	65.27	51 299	222
-1.24	19.44	-0.24	37.71	76 592	576
-5.03	19.81	-1.00	43.31	88 531	656
-5.69	11.67	-0.66	31.69	41 260	331
-0.68	15.27	-0.10	23.28	45 022	307
0.43	13.22	0.06	27.98	25 528	302
-5.02	13.36	-0.67	34.11	80 106	631
-10.11	10.31	-1.04	23.92	32 840	298
-3.07	9.15	-0.28	23.73	44 037	345
-3.20	12.79	-0.41	29.80	48 459	418
12.90	15.36	1.98	56.71	115 002	667
-4.29	5.45	-0.23	12.15	67 177	394
-5.43	17.36	-0.94	44.73	16 695	108
-8.58	14.44	-1.24	31.34	26 009	206
-2.48	14.04	-0.35	35.30	46 933	384
0.18	12.20	0.02	27.69	20 511	294
0.09	8.69	0.01	34.51	48 997	599
-4.36	6.41	-0.28	39.85	7 071	53
-5.93	9.71	-0.58	23.78	43 168	340
0.84	11.89	0.10	30.23	21 309	294
1.67	12.07	0.20	30.26	7 924	158
-10.34	12.12	-1.25	62.91	6 378	85
-7.36	13.91	-1.02	36.75	27 165	356

1-5 全国外资星级

	固定资产原价（万元）	营业收入（万元）	利润（万元）	营业税金及附加（万元）
全国	**5 757 689.28**	**2 031 136.20**	**82 037.55**	**113 291.35**
北京	106 672.40	35 240.00	-3 454.30	1 962.40
天津	5 390.60	6 377.70	-2 107.78	182.91
河北	119 865.56	20 030.63	-7 737.03	1 356.48
山西	9 248.70	4 033.40	-1 675.20	246.50
内蒙古	116 574.90	19 953.50	-5 862.30	1 085.70
辽宁	591 582.97	129 551.62	-11 547.11	8 183.03
吉林	80 324.90	19 769.60	-565.80	1 033.90
黑龙江	51 616.20	21 463.30	2 842.90	1 155.10
上海	66 596.89	140 272.19	46 233.97	7 667.23
江苏	386 996.76	168 162.70	-8 867.86	9 166.10
浙江	681 153.42	250 430.30	9 902.19	14 272.17
安徽	85 570.42	21 047.50	426.21	944.27
福建	409 458.83	212 620.60	-4 891.53	12 533.75
江西	77 984.15	21 742.90	881.84	1 277.82
山东	325 781.80	85 283.10	-7 476.60	4 458.60
河南	53 921.63	30 970.86	-3 726.23	2 161.16
湖北	213 441.51	62 031.20	-3 576.60	2 716.01
湖南	70 028.58	24 820.62	-1 210.71	1 643.73
广东	934 546.79	346 300.26	36 637.72	19 184.81
广西	147 609.77	29 542.81	-8 426.87	1 590.84
海南	255 437.11	146 512.72	39 157.33	6 838.43
重庆	170 150.00	54 047.60	11 209.10	2 895.00
四川	334 400.23	50 719.29	2 357.84	3 485.94
贵州	38 318.70	5 060.10	-761.00	274.88
云南	129 588.86	27 939.40	705.58	1 480.82
西藏	0.20	5 985.10	680.70	361.20
陕西	249 913.61	77 316.45	2 951.83	4 310.40
甘肃	40 447.09	8 326.41	-587.75	466.71
青海	0.00	0.00	0.00	0.00
宁夏	4 984.40	869.25	507.00	96.57
新疆	82.30	4 715.10	18.00	258.90

饭店主要经济指标（按地区分）

利润率 （%）	全员劳动生产率 （万元／人）	人均实现利润 （万元／人）	人均固定资产原价 （万元／人）	从业人员 （人）	企业数 （家）
4.04	**22.06**	**0.89**	**62.53**	**92 072**	**383**
−9.80	48.47	−4.75	146.73	727	1
−33.05	43.98	−14.54	37.18	145	3
−38.63	12.30	−4.75	73.58	1 629	8
−41.53	10.42	−4.33	23.90	387	2
−29.38	23.28	−6.84	136.03	857	2
−8.91	18.19	−1.62	83.05	7 123	35
−2.86	24.71	−0.71	100.41	800	2
13.25	39.02	5.17	93.85	550	3
32.96	53.32	17.57	25.31	2 631	6
−5.27	20.67	−1.09	47.57	8 136	32
3.95	25.67	1.01	69.81	9 757	32
2.02	14.56	0.29	59.18	1 446	8
−2.30	19.56	−0.45	37.68	10 868	45
4.06	20.32	0.82	72.88	1 070	9
−8.77	24.10	−2.11	92.05	3 539	19
−12.03	25.26	−3.04	43.98	1 226	5
−5.77	23.06	−1.33	79.35	2 690	16
−4.88	12.33	−0.60	34.79	2 013	11
10.58	19.82	2.10	53.49	17 472	68
−28.52	16.60	−4.73	82.93	1 780	6
26.73	31.35	8.38	54.65	4 674	15
20.74	21.49	4.46	67.65	2 515	6
4.65	21.17	0.98	139.57	2 396	11
−15.04	8.53	−1.28	64.62	593	4
2.53	15.78	0.40	73.21	1 770	15
11.37	23.56	2.68	0.00	254	2
3.82	19.23	0.73	62.15	4 021	13
−7.06	14.87	−1.05	72.23	560	2
0.00	0.00	0.00	0.00	0	0
58.33	8.36	4.88	47.93	104	1
0.38	13.91	0.05	0.24	339	1

1-6 全国旅游景区

	固定资产原价（万元）	营业收入（万元）	利润（万元）	营业税金及附加（万元）
全国	**16 322 322.18**	**6 025 623.41**	**367 158.60**	**231 149.60**
北京	662 537.90	161 825.16	–5 191.75	5 792.15
天津	242 688.34	78 377.76	–16 264.71	3 475.55
河北	986 635.18	132 127.58	–50 529.08	4 732.64
山西	398 602.28	51 138.00	–23 517.69	1 741.19
内蒙古	457 833.55	103 367.12	–6 359.91	3 904.77
辽宁	103 579.36	45 941.15	–211.49	1 351.55
吉林	194 554.36	36 623.21	–6 528.54	1 246.14
黑龙江	56 690.12	9 041.86	–2 747.80	235.06
上海	1 020 512.95	416 644.19	49 101.77	10 071.64
江苏	1 740 669.05	541 340.51	–82 549.85	20 138.97
浙江	1 299 633.84	462 796.29	42 574.27	17 399.62
安徽	274 190.55	146 841.32	10 339.30	7 825.34
福建	446 236.86	192 689.54	–7 588.39	10 849.93
江西	128 405.88	137 997.13	5 330.54	3 036.56
山东	1 073 386.82	475 560.26	83 616.23	17 194.32
河南	722 801.44	294 382.39	36 863.87	11 301.41
湖北	936 474.99	265 095.24	13 031.79	10 593.10
湖南	501 326.69	299 389.32	48 835.48	9 795.33
广东	1 412 959.71	677 182.70	123 822.50	31 392.09
广西	177 382.69	144 406.02	16 967.86	5 052.69
海南	370 418.26	253 506.58	69 879.48	11 703.46
重庆	601 599.78	180 322.95	–19 274.59	7 097.60
四川	1 005 278.20	289 813.37	29 725.11	11 127.27
贵州	98 779.90	69 011.02	3 422.69	2 753.24
云南	430 265.95	132 255.19	7 843.61	4 324.81
西藏	—	—	—	—
陕西	421 713.19	234 102.32	30 020.77	9 746.73
甘肃	126 774.40	68 393.58	11 061.00	1 512.61
青海	88 782.87	13 226.88	–9 208.15	794.70
宁夏	243 856.46	79 718.98	12 945.09	2 978.49
新疆	97 750.61	32 505.78	1 749.22	1 980.67

主要经济指标（按地区分）

利润率 （%）	全员劳动生产率 （万元／人）	人均实现利润 （万元／人）	人均固定资产原价 （万元／人）	从业人员 （人）	企业数 （家）
6.09	**24.03**	**1.46**	**65.1**	**250 739**	**2 158**
−3.21	29.1	−0.93	119.14	5 561	35
−20.75	38.9	−8.07	120.44	2 015	13
−38.24	15.01	−5.74	112.08	8 803	72
−45.99	9.51	−4.37	74.09	5 380	49
−6.15	15.81	−0.97	70.04	6 537	110
−0.46	17.3	−0.08	39.01	2 655	25
−17.83	10.97	−1.95	58.25	3 340	58
−30.39	8.33	−2.53	52.20	1 086	8
11.79	46.35	5.46	113.54	8 988	79
−15.25	29.57	−4.51	95.10	18 304	148
9.2	24.46	2.25	68.70	18 917	177
7.04	37.25	2.62	69.56	3 942	58
−3.94	22.65	−0.89	52.44	8 509	81
3.86	29.72	1.15	27.65	4 644	40
17.58	30.04	5.28	67.80	15 832	143
12.52	20.66	2.59	50.74	14 246	112
4.92	19.9	0.98	70.30	13 320	147
16.31	22.24	3.63	37.24	13 462	84
18.28	24.07	4.4	50.23	28 132	153
11.75	18.96	2.23	23.28	7 618	85
27.57	27.19	7.49	39.72	9 325	31
−10.69	21.64	−2.31	72.19	8 333	60
10.26	29.55	3.03	102.52	9 806	77
4.96	20.21	1.00	28.93	3 415	33
5.93	17.28	1.02	56.22	7 653	60
—	—	—	—	—	—
12.82	22.51	2.89	40.56	10 398	90
16.17	18.07	2.92	33.50	3 784	45
−69.62	13.52	−9.42	90.78	978	12
16.24	21.95	3.56	67.14	3 632	24
5.38	15.30	0.82	46.02	2 124	49

二、分地区旅游企业资料

2-1 北京市旅游

	固定资产原价（万元）	营业收入（万元）	利润（万元）	营业税金及附加（万元）
合计	**8 711 288.64**	**9 983 593.35**	**1336 17.77**	**185 962.61**
（一）旅行社	1 151 291.64	7 102 808.65	63 807.74	30 401.48
（二）星级饭店	6 897 459.09	2 718 959.54	75 001.78	149 768.98
内资饭店	6 790 786.69	2 683 719.54	78 456.08	147 806.58
外资饭店	106 672.40	35 240.00	–3 454.30	1 962.40
（三）旅游景区	662 537.90	161 825.16	–5 191.75	5 792.15

2-2 天津市旅游

	固定资产原价（万元）	营业收入（万元）	利润（万元）	营业税金及附加（万元）
合计	**926 679.68**	**725 496.86**	**–52 855.73**	**18 097.13**
（一）旅行社	156 634.08	410 201.04	–4 247.70	1 700.00
（二）星级饭店	527 357.27	236 918.06	–32 343.33	12 921.59
内资饭店	521 966.67	230 540.36	–30 235.55	12 738.68
外资饭店	5 390.60	6 377.70	–2 107.78	182.91
（三）旅游景区	242 688.34	78 377.76	–16 264.71	3 475.55

企业主要经济指标

利润率 （%）	全员劳动 生产率 （万元／人）	人均实现 利润 （万元／人）	人均固定 资产原价 （万元／人）	从业人员 （人）	企业数 （家）
1.34	**71.86**	**0.96**	**62.70**	**138 934**	**1 941**
0.90	197.02	1.88	33.99	33 871	1 397
2.76	27.33	0.75	69.32	99 502	509
2.92	27.17	0.79	68.75	98 775	508
−9.80	48.47	−4.75	146.73	727	1
−3.21	29.10	−0.93	119.14	5 561	35

企业主要经济指标

利润率 （%）	全员劳动 生产率 （万元／人）	人均实现 利润 （万元／人）	人均固定 资产原价 （万元／人）	从业人员 （人）	企业数 （家）
−7.29	**38.86**	**−2.83**	**49.64**	**18 669**	**500**
−1.04	96.45	−1.23	45.41	3 449	400
−13.65	17.94	−2.45	39.94	13 205	87
−13.12	17.65	−2.32	39.97	13 060	84
−33.05	43.98	−14.54	37.18	145	3
−20.75	38.90	−8.07	120.44	2 015	13

2-3 河北省旅游

	固定资产原价（万元）	营业收入（万元）	利润（万元）	营业税金及附加（万元）
合计	**3 051 641.48**	**999 954.31**	**–167 046.31**	**38 056.98**
（一）旅行社	192 397.35	342 385.39	1 948.25	1 428.04
（二）星级饭店	1 872 608.95	525 441.34	–118 465.48	31 896.30
内资饭店	1 752 743.39	505 410.71	–110 728.46	30 539.82
外资饭店	119 865.56	20 030.63	–7 737.03	1 356.48
（三）旅游景区	986 635.18	132 127.58	–50 529.08	4 732.64

2-4 山西省旅游

	固定资产原价（万元）	营业收入（万元）	利润（万元）	营业税金及附加（万元）
合计	**1 384 268.92**	**858 352.74**	**–65 109.27**	**26 180.41**
（一）旅行社	87 967.94	584 149.99	5 598.25	1 092.15
（二）星级饭店	897 698.70	223 064.75	–47 189.84	23 347.06
内资饭店	888 450.00	219 031.35	–45 514.64	23 100.56
外资饭店	9 248.70	4 033.40	–1 675.20	246.50
（三）旅游景区	398 602.28	51 138.00	–23 517.69	1 741.19

企业主要经济指标

利润率 （%）	全员劳动生产率 （万元／人）	人均实现利润 （万元／人）	人均固定资产原价 （万元／人）	从业人员 （人）	企业数 （家）
–16.71	**16.12**	**–2.69**	**49.20**	**62 027**	**1 809**
0.57	54.89	0.33	32.64	5 894	1 360
–22.55	11.10	–2.50	39.56	47 330	377
–21.91	11.06	–2.42	38.35	45 701	369
–38.63	12.30	–4.75	73.58	1 629	8
–38.24	15.01	–5.74	112.08	8 803	72

企业主要经济指标

利润率 （%）	全员劳动生产率 （万元／人）	人均实现利润 （万元／人）	人均固定资产原价 （万元／人）	从业人员 （人）	企业数 （家）
–7.59	**22.86**	**–1.73**	**36.87**	**37 542**	**1 028**
0.96	63.44	0.73	11.51	7 641	783
–21.16	9.10	–1.92	36.61	24 521	196
–20.78	9.08	–1.89	36.81	24 134	194
–41.53	10.42	–4.33	23.90	387	2
–45.99	9.51	–4.37	74.09	5 380	49

2-5 内蒙古自治区旅游

	固定资产原价（万元）	营业收入（万元）	利润（万元）	营业税金及附加（万元）
合计	**1 535 481.84**	**593 188.80**	**–41 596.82**	**19 465.66**
（一）旅行社	69 049.53	213 539.19	1 809.11	1 193.37
（二）星级饭店	1 008 598.76	276 282.49	–37 046.03	14 367.52
内资饭店	892 023.86	256 328.99	–31 183.73	13 281.82
外资饭店	116 574.90	19 953.50	–5 862.30	1 085.70
（三）旅游景区	457 833.55	103 367.12	–6 359.91	3 904.77

2-6 辽宁省旅游

	固定资产原价（万元）	营业收入（万元）	利润（万元）	营业税金及附加（万元）
合计	**2 273 593.18**	**1 870 530.77**	**–66 683.42**	**38 749.26**
（一）旅行社	128 493.74	1 250 417.50	12 713.62	4 889.67
（二）星级饭店	2 041 520.08	574 172.12	–79 185.55	32 508.04
内资饭店	1 449 937.11	444 620.50	–67 638.44	24 325.01
外资饭店	591 582.97	129 551.62	–11 547.11	8 183.03
（三）旅游景区	103 579.36	45 941.15	–211.49	1 351.55

企业主要经济指标

利润率（%）	全员劳动生产率（万元／人）	人均实现利润（万元／人）	人均固定资产原价（万元／人）	从业人员（人）	企业数（家）
-7.01	**15.69**	**-1.10**	**40.61**	**37 814**	**1 341**
0.85	29.84	0.26	9.83	7 021	953
-13.41	11.39	-1.53	41.58	24 256	278
-12.17	10.95	-1.33	38.12	23 399	276
-29.38	23.28	-6.84	136.03	857	2
-6.15	15.81	-0.97	70.04	6 537	110

企业主要经济指标

利润率（%）	全员劳动生产率（万元／人）	人均实现利润（万元／人）	人均固定资产原价（万元／人）	从业人员（人）	企业数（家）
-3.56	**36.18**	**-1.29**	**43.97**	**51 704**	**1 660**
1.02	128.09	1.33	13.44	9 559	1 253
-13.79	14.54	-2.01	51.70	39 490	382
-15.21	13.74	-2.09	44.80	32 367	347
-8.91	18.19	-1.62	83.05	7 123	35
-0.46	17.30	-0.08	39.01	2 655	25

2-7 吉林省旅游

	固定资产 原 价 （万元）	营业收入 （万元）	利 润 （万元）	营业税金 及附加 （万元）
合 计	**781 054.14**	**396 987.37**	**–26 088.57**	**13 573.57**
（一）旅行社	33 184.08	187 994.98	1 840.83	1 142.94
（二）星级饭店	553 315.71	172 369.18	–21 400.85	11 184.49
内资饭店	472 990.81	152 599.58	–20 835.05	10 150.59
外资饭店	80 324.90	19 769.60	–565.80	1 033.90
（三）旅游景区	194 554.36	36 623.21	–6 528.54	1 246.14

2-8 黑龙江省旅游

	固定资产 原 价 （万元）	营业收入 （万元）	利 润 （万元）	营业税金 及附加 （万元）
合 计	**700 844.81**	**524 144.14**	**–3 682.37**	**11 136.57**
（一）旅行社	59 211.87	316 229.20	5 010.73	1 259.03
（二）星级饭店	584 942.82	198 873.08	–5 945.30	9 642.48
内资饭店	533 326.62	177 409.78	–8 788.20	8 487.38
外资饭店	51 616.20	21 463.30	2 842.90	1 155.10
（三）旅游景区	56 690.12	9 041.86	–2 747.80	235.06

企业主要经济指标

利润率 （%）	全员劳动 生 产 率 （万元／人）	人均实现 利　　润 （万元／人）	人均固定 资产原价 （万元／人）	从业人员 （人）	企业数 （家）
−6.57	**18.10**	**−1.19**	**35.61**	**21 933**	**873**
0.98	43.23	0.45	8.07	4 113	651
−12.42	11.90	−1.48	38.21	14 480	164
−13.65	11.15	−1.52	34.58	13 680	162
−2.86	24.71	−0.71	100.41	800	2
−17.83	10.97	−1.95	58.25	3 340	58

企业主要经济指标

利润率 （%）	全员劳动 生 产 率 （万元／人）	人均实现 利　　润 （万元／人）	人均固定 资产原价 （万元／人）	从业人员 （人）	企业数 （家）
−0.70	**26.05**	**−0.18**	**34.83**	**20 121**	**886**
1.58	60.99	0.97	11.42	5 183	672
−2.99	14.36	−0.43	42.23	13 852	206
−4.95	13.34	−0.66	40.09	13 302	203
13.25	39.02	5.17	93.85	550	3
−30.39	8.33	−2.53	52.20	1 086	8

2-9 上海市旅游

	固定资产原价（万元）	营业收入（万元）	利润（万元）	营业税金及附加（万元）
合计	**4 757 553.19**	**9 363 006.76**	**252 346.38**	**139 643.75**
（一）旅行社	321 962.66	7 021 708.10	–22 439.16	24 168.45
（二）星级饭店	3 415 077.58	1 924 654.47	225 683.77	105 403.66
内资饭店	3 348 480.69	1 784 382.28	179 449.80	97 736.43
外资饭店	66 596.89	140 272.19	46 233.97	7 667.23
（三）旅游景区	1 020 512.95	416 644.19	49 101.77	10 071.64

2-10 江苏省旅游

	固定资产原价（万元）	营业收入（万元）	利润（万元）	营业税金及附加（万元）
合计	**5 678 191.15**	**5 444 485.25**	**–117 434.66**	**117 933.00**
（一）旅行社	662 580.31	3 246 207.67	–7 502.57	8 466.18
（二）星级饭店	3 274 941.79	1 656 937.07	–27 382.24	89 327.85
内资饭店	2 887 945.03	1 488 774.37	–18 514.38	80 161.75
外资饭店	386 996.76	168 162.70	–8 867.86	9 166.10
（三）旅游景区	1 740 669.05	541 340.51	–82 549.85	20 138.97

企业主要经济指标

利润率（%）	全员劳动生产率（万元／人）	人均实现利润（万元／人）	人均固定资产原价（万元／人）	从业人员（人）	企业数（家）
2.70	**106.98**	**2.88**	**54.36**	**87 525**	**1 532**
−0.32	194.91	−0.91	13.08	24 607	1 225
11.73	35.69	4.18	63.32	53 930	228
10.06	34.78	3.50	65.27	51 299	222
32.96	53.32	17.57	25.31	2 631	6
11.79	46.35	5.46	113.54	8 988	79

企业主要经济指标

利润率（%）	全员劳动生产率（万元／人）	人均实现利润（万元／人）	人均固定资产原价（万元／人）	从业人员（人）	企业数（家）
−2.16	**43.83**	**−0.95**	**45.71**	**124 226**	**2 916**
−0.23	141.20	−0.35	31.26	21 194	2 160
−1.65	19.56	−0.32	38.65	84 728	608
−1.24	19.44	−0.24	37.71	76 592	576
−5.27	20.67	−1.09	47.57	8 136	32
−15.25	29.57	−4.51	95.10	18 304	148

2-11 浙江省旅游

	固定资产原　价（万元）	营业收入（万元）	利　　润（万元）	营业税金及附加（万元）
合　　计	**6 373 644.60**	**5 052 214.23**	**–23 640.97**	**137 947.62**
（一）旅行社	558 515.67	2 585 303.91	12 017.84	11 347.42
（二）星级饭店	4 515 495.09	2 004 114.03	–78 233.08	109 200.57
内资饭店	3 834 341.67	1 753 683.73	–88 135.27	94 928.40
外资饭店	681 153.42	250 430.30	9 902.19	14 272.17
（三）旅游景区	1 299 633.84	462 796.29	42 574.27	17 399.62

2-12 安徽省旅游

	固定资产原　价（万元）	营业收入（万元）	利　　润（万元）	营业税金及附加（万元）
合　　计	**1 844 661.08**	**1 358 808.63**	**–11 652.56**	**37 370.75**
（一）旅行社	177 481.32	709 452.71	4 973.72	2 375.99
（二）星级饭店	1 392 989.21	502 514.60	–26 965.57	27 169.42
内资饭店	1 307 418.79	481 467.10	–27 391.78	26 225.16
外资饭店	85 570.42	21 047.50	426.21	944.27
（三）旅游景区	274 190.55	146 841.32	10 339.30	7 825.34

企业主要经济指标

利润率 （%）	全员劳动生产率 （万元／人）	人均实现利润 （万元／人）	人均固定资产原价 （万元／人）	从业人员 （人）	企业数 （家）
−0.47	**35.76**	**−0.17**	**45.12**	**141 271**	**2 893**
0.46	102.21	0.50	23.21	24 066	2 028
−3.90	20.39	−0.80	45.94	98 288	688
−5.03	19.81	−1.00	43.31	88 531	656
3.95	25.67	1.01	69.81	9 757	32
9.20	24.46	2.25	68.70	18 917	177

企业主要经济指标

利润率 （%）	全员劳动生产率 （万元／人）	人均实现利润 （万元／人）	人均固定资产原价 （万元／人）	从业人员 （人）	企业数 （家）
−0.86	**24.08**	**−0.21**	**32.69**	**56 424**	**1 465**
0.70	67.51	0.51	18.15	9 776	1 068
−5.37	11.77	−0.63	32.62	42 706	339
−5.69	11.67	−0.66	31.69	41 260	331
2.02	14.56	0.29	59.18	1 446	8
7.04	37.25	2.62	69.56	3 942	58

2-13 福建省旅游

	固定资产原价（万元）	营业收入（万元）	利润（万元）	营业税金及附加（万元）
合计	**2 309 031.74**	**3 144 584.05**	**–5 434.01**	**169 638.05**
（一）旅行社	405 379.47	2 051 840.93	11 732.53	7 551.05
（二）星级饭店	1 457 415.42	900 053.58	–9 578.15	151 237.07
内资饭店	1 047 956.58	687 432.97	–4 686.61	138 703.32
外资饭店	409 458.83	212 620.60	–4 891.53	12 533.75
（三）旅游景区	446 236.86	192 689.54	–7 588.39	10 849.93

2-14 江西省旅游

	固定资产原价（万元）	营业收入（万元）	利润（万元）	营业税金及附加（万元）
合计	**1 050 926.25**	**875 971.02**	**9 678.17**	**61 575.49**
（一）旅行社	130 314.47	378 863.57	2 009.24	1 525.63
（二）星级饭店	792 205.91	359 110.32	2 338.39	57 013.29
内资饭店	714 221.76	337 367.42	1 456.55	55 735.47
外资饭店	77 984.15	21 742.90	881.84	1 277.82
（三）旅游景区	128 405.88	137 997.13	5 330.54	3 036.56

企业主要经济指标

利润率（%）	全员劳动生产率（万元／人）	人均实现利润（万元／人）	人均固定资产原价（万元／人）	从业人员（人）	企业数（家）
–0.17	**39.06**	**–0.07**	**28.68**	**80 499**	**1 279**
0.57	118.58	0.73	25.18	16 100	846
–1.06	16.10	–0.17	26.08	55 890	352
–0.68	15.27	–0.10	23.28	45 022	307
–2.30	19.56	–0.45	37.68	10 868	45
–3.94	22.65	–0.89	52.44	8 509	81

企业主要经济指标

利润率（%）	全员劳动生产率（万元／人）	人均实现利润（万元／人）	人均固定资产原价（万元／人）	从业人员（人）	企业数（家）
1.10	**23.46**	**0.26**	**28.14**	**37 344**	**1 101**
0.53	58.15	0.33	21.36	6 102	750
0.65	13.50	0.09	29.78	26 598	311
0.43	13.22	0.06	27.98	25 528	302
4.06	20.32	0.82	72.88	1 070	9
3.86	29.72	1.15	27.65	4 644	40

2-15 山东省旅游

	固定资产原价（万元）	营业收入（万元）	利润（万元）	营业税金及附加（万元）
合计	**4 655 754.93**	**3 336 879.25**	**62 260.36**	**85 761.40**
（一）旅行社	524 552.02	1 705 434.59	39 842.63	7 435.01
（二）星级饭店	3 057 816.09	1 155 884.40	–61 198.50	61 132.07
内资饭店	2 732 034.29	1 070 601.30	–53 721.90	56 673.47
外资饭店	325 781.80	85 283.10	–7 476.60	4 458.60
（三）旅游景区	1 073 386.82	475 560.26	83 616.23	17 194.32

2-16 河南省旅游

	固定资产原价（万元）	营业收入（万元）	利润（万元）	营业税金及附加（万元）
合计	**1 667 101.24**	**901 438.86**	**–1 903.35**	**33 514.31**
（一）旅行社	104 893.70	237 570.37	–812.67	1 017.85
（二）星级饭店	839 406.10	369 486.10	–37 954.55	21 195.05
内资饭店	785 484.47	338 515.25	–34 228.32	19 033.89
外资饭店	53 921.63	30 970.86	–3 726.23	2 161.16
（三）旅游景区	722 801.44	294 382.39	36 863.87	11 301.41

企业主要经济指标

利润率（%）	全员劳动生产率（万元／人）	人均实现利润（万元／人）	人均固定资产原价（万元／人）	从业人员（人）	企业数（家）
1.87	**27.74**	**0.52**	**38.71**	**120 271**	**2 902**
2.34	76.25	1.92	25.23	20 794	2 109
−5.29	13.82	−0.73	36.56	83 645	650
−5.02	13.36	−0.67	34.11	80 106	631
−8.77	24.10	−2.11	92.05	3 539	19
17.58	30.04	5.28	67.80	15 832	143

企业主要经济指标

利润率（%）	全员劳动生产率（万元／人）	人均实现利润（万元／人）	人均固定资产原价（万元／人）	从业人员（人）	企业数（家）
−0.21	**16.14**	**−0.03**	**29.86**	**55 836**	**1 497**
−0.34	28.91	−0.11	13.94	7 524	1 082
−10.27	10.85	−1.11	24.64	34 066	303
−10.11	10.31	−1.04	23.92	32 840	298
−12.03	25.26	−3.04	43.98	1 226	5
12.52	20.66	2.59	50.74	14 246	112

2-17 湖北省旅游

	固定资产原价（万元）	营业收入（万元）	利润（万元）	营业税金及附加（万元）
合计	**2 653 933.29**	**2 041 343.16**	**21 046.38**	**40 047.19**
（一）旅行社	459 217.41	1 311 409.91	23 976.17	6 364.09
（二）星级饭店	1 258 240.90	464 838.01	–15 961.58	23 090.00
内资饭店	1 044 799.38	402 806.81	–12 384.98	20 373.99
外资饭店	213 441.51	62 031.20	–3 576.60	2 716.01
（三）旅游景区	936 474.99	265 095.24	13 031.79	10 593.10

2-18 湖南省旅游

	固定资产原价（万元）	营业收入（万元）	利润（万元）	营业税金及附加（万元）
合计	**2 093 379.31**	**2 136 294.12**	**32 646.18**	**81 494.74**
（一）旅行社	78 114.15	1 192 498.94	4 829.50	4 156.25
（二）星级饭店	1 513 938.47	644 405.86	–21 018.80	67 543.15
内资饭店	1 443 909.89	619 585.24	–19 808.09	65 899.42
外资饭店	70 028.58	24 820.62	–1 210.71	1 643.73
（三）旅游景区	501 326.69	299 389.32	48 835.48	9 795.33

企业主要经济指标

利润率 （%）	全员劳动生产率 （万元／人）	人均实现利润 （万元／人）	人均固定资产原价 （万元／人）	从业人员 （人）	企业数 （家）
1.03	**27.32**	**0.28**	**35.52**	**74 714**	**1 545**
1.83	83.66	1.63	31.31	14 667	1 037
–3.43	9.95	–0.34	26.93	46 727	361
–3.07	9.15	–0.28	23.73	44 037	345
–5.77	23.06	–1.33	79.35	2 690	16
4.92	19.90	0.98	70.30	13 320	147

企业主要经济指标

利润率 （%）	全员劳动生产率 （万元／人）	人均实现利润 （万元／人）	人均固定资产原价 （万元／人）	从业人员 （人）	企业数 （家）
1.53	**28.32**	**0.43**	**27.75**	**75 438**	**1 348**
0.40	99.89	0.42	6.79	11 504	835
–3.26	12.77	–0.42	30.00	50 472	429
–3.20	12.79	–0.41	29.80	48 459	418
–4.88	12.33	–0.60	34.79	2 013	11
16.31	22.24	3.63	37.24	13 462	84

2-19 广东省旅游

	固定资产原价（万元）	营业收入（万元）	利润（万元）	营业税金及附加（万元）
合计	**9 651 272.38**	**8 867 276.50**	**418 688.73**	**176 473.07**
（一）旅行社	782 436.60	6 077 258.69	30 313.80	27 637.86
（二）星级饭店	7 455 876.07	2 112 835.11	264 552.43	117 443.12
内资饭店	6 521 329.28	1 766 534.85	227 914.71	98 258.31
外资饭店	934 546.79	346 300.26	36 637.72	19 184.81
（三）旅游景区	1 412 959.71	677 182.70	123 822.50	31 392.09

2-20 广西壮族自治区旅游

	固定资产原价（万元）	营业收入（万元）	利润（万元）	营业税金及附加（万元）
合计	**1 202 733.02**	**938 896.77**	**−7 456.33**	**34 942.68**
（一）旅行社	61 798.41	398 848.53	−287.73	1 541.06
（二）星级饭店	963 551.92	395 642.22	−24 136.46	28 348.93
内资饭店	815 942.15	366 099.41	−15 709.59	26 758.09
外资饭店	147 609.77	29 542.81	−8 426.87	1 590.84
（三）旅游景区	177 382.69	144 406.02	16 967.86	5 052.69

企业主要经济指标

利润率（%）	全员劳动生产率（万元／人）	人均实现利润（万元／人）	人均固定资产原价（万元／人）	从业人员（人）	企业数（家）
4.72	**43.53**	**2.06**	**47.38**	**203 683**	**2 789**
0.50	136.91	0.70	18.16	43 077	1 901
12.52	15.95	2.00	56.28	132 474	735
12.90	15.36	1.98	56.71	115 002	667
10.58	19.82	2.10	53.49	17 472	68
18.28	24.07	4.40	50.23	28 132	153

企业主要经济指标

利润率（%）	全员劳动生产率（万元／人）	人均实现利润（万元／人）	人均固定资产原价（万元／人）	从业人员（人）	企业数（家）
–0.79	**11.38**	**–0.09**	**14.57**	**82 524**	**1 024**
–0.07	61.43	–0.05	10.39	5 949	539
–6.10	5.74	–0.35	13.97	68 957	400
–4.29	5.45	–0.23	12.15	67 177	394
–28.52	16.60	–4.73	82.93	1 780	6
11.75	18.96	2.23	23.28	7 618	85

2-21 海南省旅游

	固定资产原价（万元）	营业收入（万元）	利润（万元）	营业税金及附加（万元）
合计	**1 420 163.07**	**1 096 129.79**	**92 289.39**	**36 027.67**
（一）旅行社	47 522.22	406 260.97	−1 004.78	1 366.78
（二）星级饭店	1 002 222.59	436 362.24	23 414.69	22 957.43
内资饭店	746 785.48	289 849.52	−15 742.64	16 119.00
外资饭店	255 437.11	146 512.72	39 157.33	6 838.43
（三）旅游景区	370 418.26	253 506.58	69 879.48	11 703.46

2-22 重庆市旅游

	固定资产原价（万元）	营业收入（万元）	利润（万元）	营业税金及附加（万元）
合计	**1 765 585.57**	**1 883 012.21**	**−39 377.08**	**33 384.23**
（一）旅行社	178 814.24	1 273 074.04	898.90	3 500.30
（二）星级饭店	985 171.55	429 615.22	−21 001.39	22 786.34
内资饭店	815 021.55	375 567.62	−32 210.49	19 891.34
外资饭店	170 150.00	54 047.60	11 209.10	2 895.00
（三）旅游景区	601 599.78	180 322.95	−19 274.59	7 097.60

企业主要经济指标

利润率（%）	全员劳动生产率（万元／人）	人均实现利润（万元／人）	人均固定资产原价（万元／人）	从业人员（人）	企业数（家）
8.42	**31.31**	**2.64**	**40.57**	**35 008**	**517**
−0.25	80.66	−0.23	11.02	4 314	363
5.37	20.42	1.10	46.90	21 369	123
−5.43	17.36	−0.94	44.73	16 695	108
26.73	31.35	8.38	54.65	4 674	15
27.57	27.19	7.49	39.72	9 325	31

企业主要经济指标

利润率（%）	全员劳动生产率（万元／人）	人均实现利润（万元／人）	人均固定资产原价（万元／人）	从业人员（人）	企业数（家）
−2.09	**42.20**	**−0.88**	**39.57**	**44 620**	**794**
0.07	160.53	0.12	23.03	7 763	522
−4.89	15.06	−0.74	34.54	28 524	212
−8.58	14.44	−1.24	31.34	26 009	206
20.74	21.49	4.46	67.65	2 515	6
−10.69	21.64	−2.31	72.19	8 333	60

2-23 四川省旅游

	固定资产原价（万元）	营业收入（万元）	利润（万元）	营业税金及附加（万元）
合计	**3 155 641.94**	**1 740 817.73**	**19 939.96**	**54 592.50**
（一）旅行社	159 058.21	741 124.03	4 200.24	2 412.22
（二）星级饭店	1 991 305.52	709 880.33	–13 985.39	41 053.01
内资饭店	1 656 905.30	659 161.04	–16 343.23	37 567.07
外资饭店	334 400.23	50 719.29	2 357.84	3 485.94
（三）旅游景区	1 005 278.20	289 813.37	29 725.11	11 127.27

2-24 贵州省旅游

	固定资产原价（万元）	营业收入（万元）	利润（万元）	营业税金及附加（万元）
合计	**721 623.71**	**566 680.63**	**4 034.66**	**19 175.02**
（一）旅行社	16 565.77	242 366.09	931.57	981.11
（二）星级饭店	606 278.04	255 303.52	–319.60	15 440.67
内资饭店	567 959.34	250 243.42	441.40	15 165.79
外资饭店	38 318.70	5 060.10	–761.00	274.88
（三）旅游景区	98 779.90	69 011.02	3 422.69	2 753.24

企业主要经济指标

利润率 （%）	全员劳动 生产率 （万元/人）	人均实现 利润 （万元/人）	人均固定 资产原价 （万元/人）	从业人员 （人）	企业数 （家）
1.15	**26.37**	**0.30**	**47.80**	**66 016**	**974**
0.57	81.08	0.61	23.12	6 881	502
–1.97	14.39	–0.28	40.37	49 329	395
–2.48	14.04	–0.35	35.30	46 933	384
4.65	21.17	0.98	139.57	2 396	11
10.26	29.55	3.03	102.52	9 806	77

企业主要经济指标

利润率 （%）	全员劳动 生产率 （万元/人）	人均实现 利润 （万元/人）	人均固定 资产原价 （万元/人）	从业人员 （人）	企业数 （家）
0.71	**21.06**	**0.15**	**26.81**	**26 914**	**637**
0.38	80.19	0.39	6.92	2 395	306
–0.13	12.10	–0.02	28.73	21 104	298
0.18	12.20	0.02	27.69	20 511	294
–15.04	8.53	–1.28	64.62	593	4
4.96	20.21	1.00	28.93	3 415	33

2-25 云南省旅游

	固定资产原价（万元）	营业收入（万元）	利　润（万元）	营业税金及附加（万元）
合　计	**2 469 028.67**	**1 301 927.93**	**4 497.39**	**34 444.70**
（一）旅行社	218 263.61	715 969.06	–4 449.37	2 680.38
（二）星级饭店	1 820 499.11	453 703.68	1 103.15	27 439.51
内资饭店	1 690 910.26	425 764.28	397.57	25 958.69
外资饭店	129 588.86	27 939.40	705.58	1 480.82
（三）旅游景区	430 265.95	132 255.19	7 843.61	4 324.81

2-26 西藏自治区旅游

	固定资产原　价（万元）	营业收入（万元）	利　润（万元）	营业税金及附加（万元）
合　计	**290 884.70**	**143 454.85**	**–459.83**	**3 375.88**
（一）旅行社	9 114.28	92 145.69	835.16	267.05
（二）星级饭店	281 770.42	51 309.16	–1 294.99	3 108.83
内资饭店	281 770.22	45 324.06	–1 975.69	2 747.63
外资饭店	0.20	5 985.10	680.70	361.20
（三）旅游景区	—	—	—	—

企业主要经济指标

利润率 （%）	全员劳动 生产率 （万元／人）	人均实现 利润 （万元／人）	人均固定 资产原价 （万元／人）	从业人员 （人）	企业数 （家）
0.35	**19.35**	**0.07**	**36.69**	**67 295**	**1 440**
–0.62	77.27	–0.50	24.59	8 875	766
0.24	8.94	0.02	35.86	50 767	614
0.09	8.69	0.01	34.51	48 997	599
2.53	15.78	0.40	73.21	1 770	15
5.93	17.28	1.02	56.22	7 653	60

企业主要经济指标

利润率 （%）	全员劳动 生产率 （万元／人）	人均实现 利润 （万元／人）	人均固定 资产原价 （万元／人）	从业人员 （人）	企业数 （家）
–0.32	**17.02**	**–0.05**	**34.51**	**8 428**	**251**
0.91	78.93	0.76	8.26	1 103	196
–2.52	7.00	–0.18	38.47	7 325	55
–4.36	6.41	–0.28	39.85	7 071	53
11.37	23.56	2.68	0.00	254	2
—	—	—	—	—	—

2-27 陕西省旅游

	固定资产原价（万元）	营业收入（万元）	利润（万元）	营业税金及附加（万元）
合计	**1 751 206.99**	**1 365 605.58**	**7 465.51**	**35 800.21**
（一）旅行社	53 162.39	634 821.78	–625.44	1 695.10
（二）星级饭店	1 276 331.40	496 681.48	–21 929.82	24 358.38
内资饭店	1 026 417.80	419 365.03	–24 881.66	20 047.98
外资饭店	249 913.61	77 316.45	2 951.83	4 310.40
（三）旅游景区	421 713.19	234 102.32	30 020.77	9 746.73

2-28 甘肃省旅游

	固定资产原价（万元）	营业收入（万元）	利润（万元）	营业税金及附加（万元）
合计	**854 412.92**	**406 379.07**	**13 049.61**	**14 080.70**
（一）旅行社	43 042.26	76 257.54	440.96	228.44
（二）星级饭店	684 596.26	261 727.95	1 547.65	12 339.65
内资饭店	644 149.16	253 401.54	2 135.39	11 872.95
外资饭店	40 447.09	8 326.41	–587.75	466.71
（三）旅游景区	126 774.40	68 393.58	11 061.00	1 512.61

企业主要经济指标

利润率 （%）	全员劳动生产率 （万元／人）	人均实现利润 （万元／人）	人均固定资产原价 （万元／人）	从业人员 （人）	企业数 （家）
0.55	**20.44**	**0.11**	**26.21**	**66 806**	**1123**
−0.10	62.71	−0.07	5.77	9 219	680
−4.42	10.53	−0.46	27.05	47 189	353
−5.93	9.71	−0.58	23.78	43 168	340
3.82	19.23	0.73	62.15	4 021	13
12.82	22.51	2.89	40.56	10 398	90

企业主要经济指标

利润率 （%）	全员劳动生产率 （万元／人）	人均实现利润 （万元／人）	人均固定资产原价 （万元／人）	从业人员 （人）	企业数 （家）
3.21	**13.75**	**0.44**	**28.91**	**29 559**	**786**
0.58	18.05	0.11	11.02	3 906	445
0.59	11.97	0.07	31.30	21 869	296
0.84	11.89	0.10	30.23	21 309	294
−7.06	14.87	−1.05	72.23	560	2
16.17	18.07	2.92	33.50	3 784	45

2-29 青海省旅游

	固定资产原价（万元）	营业收入（万元）	利润（万元）	营业税金及附加（万元）
合计	**354 628.95**	**190 421.70**	**–7 943.09**	**13 658.51**
（一）旅行社	26 062.84	81 560.79	–335.32	231.96
（二）星级饭店	239 783.23	95 634.03	1 600.38	12 631.85
内资饭店	239 783.23	95 634.03	1 600.38	12 631.85
外资饭店	—	—	—	—
（三）旅游景区	88 782.87	13 226.88	–9 208.15	794.70

2-30 宁夏回族自治区旅游

	固定资产原价（万元）	营业收入（万元）	利润（万元）	营业税金及附加（万元）
合计	**660 009.44**	**243 855.93**	**4 817.41**	**8 265.80**
（一）旅行社	9 940.06	85 955.91	–642.01	223.43
（二）星级饭店	406 212.92	78 181.04	–7 485.66	5 063.89
内资饭店	401 228.51	77 311.79	–7 992.66	4 967.31
外资饭店	4 984.40	869.25	507.00	96.57
（三）旅游景区	243 856.46	79 718.98	12 945.09	2 978.49

企业主要经济指标

利润率 （%）	全员劳动生产率 （万元／人）	人均实现利润 （万元／人）	人均固定资产原价 （万元／人）	从业人员 （人）	企业数 （家）
–4.17	**17.81**	**–0.74**	**33.16**	**10 693**	**408**
–0.41	45.45	–0.19	14.55	1 791	238
1.67	12.07	0.20	30.26	7 924	158
1.67	12.07	0.20	30.26	7 924	158
—	—	—	—	—	—
–69.62	13.52	–9.42	90.78	978	12

企业主要经济指标

利润率 （%）	全员劳动生产率 （万元／人）	人均实现利润 （万元／人）	人均固定资产原价 （万元／人）	从业人员 （人）	企业数 （家）
1.98	**20.76**	**0.41**	**56.18**	**11 749**	**221**
–0.75	52.10	–0.39	6.08	1 635	111
–9.57	12.06	–1.15	62.67	6 482	86
–10.34	12.12	–1.25	62.91	6 378	85
58.33	8.36	4.88	47.93	104	1
16.24	21.95	3.56	67.14	3 632	24

2-31 新疆维吾尔自治区旅游

	固定资产原价（万元）	营业收入（万元）	利润（万元）	营业税金及附加（万元）
合计	**1 155 459.64**	**631 563.46**	**–27 445.73**	**37 259.64**
（一）旅行社	59 352.44	216 472.74	–1 414.82	871.23
（二）星级饭店	998 356.58	382 584.94	–27 780.13	34 407.73
内资饭店	998 274.28	377 869.84	–27 798.13	34 148.83
外资饭店	82.30	4 715.10	18.00	258.90
（三）旅游景区	97 750.61	32 505.78	1 749.22	1 980.67

企业主要经济指标

利润率 （%）	全员劳动 生产率 （万元／人）	人均实现 利润 （万元／人）	人均固定 资产原价 （万元／人）	从业人员 （人）	企业数 （家）
–4.35	**18.75**	**–0.81**	**34.30**	**33 685**	**849**
–0.65	92.07	–0.35	14.63	4 057	443
–7.26	13.91	–1.01	36.30	27 504	357
–7.36	13.91	–1.02	36.75	27 165	356
0.38	13.91	0.05	0.24	339	1
5.38	15.30	0.82	46.02	2 124	49

三、主要城市综合资料

3-1 主要城市旅游

	固定资产原价（万元）	营业收入（万元）	利润（万元）	营业税金及附加（万元）
合计	**20 607 353.17**	**24 729 862.79**	**429 016.27**	**537 374.93**
（一）旅行社	2 644 482.26	17 258 556.44	79 488.58	63 061.49
（二）星级饭店	13 923 912.98	5 969 083.42	104 602.71	414 113.76
内资饭店	10 825 676.57	4 917 444.55	90 063.60	354 456.75
外资饭店	3 098 236.41	1 051 638.87	14 539.11	59 657.01
（三）旅游景区	4 038 957.93	1 502 222.93	244 924.98	60 199.68

企业主要经济指标

利润率 （%）	全员劳动生产率 （万元/人）	人均实现利润 （万元/人）	人均固定资产原价 （万元/人）	从业人员 （人）	企业数 （家）
1.73	**50.74**	**0.88**	**42.28**	**487 393**	**8 718**
0.46	134.22	0.65	21.77	121 463	6 485
1.75	19.17	0.34	44.72	311 370	1 878
1.83	18.43	0.34	40.57	266 856	1 713
1.38	23.62	0.33	69.60	44 514	165
16.30	27.53	4.49	74.03	54 560	355

3-2 主要城市旅行社

	固定资产原价（万元）	营业收入（万元）	利润（万元）	营业税金及附加（万元）
总计	**2 644 482.26**	**17 258 556.44**	**79 488.58**	**63 061.49**
沈阳	64 674.89	937 750.24	10 457.54	3 672.62
大连	45 734.76	268 546.42	1 382.67	988.58
长春	8 978.51	115 089.34	–157.46	440.42
哈尔滨	29 659.69	286 748.53	5 835.67	1 110.78
南京	263 439.13	1 581 795.02	–4 634.55	3 734.20
无锡	82 153.42	520 189.45	201.07	1 260.19
苏州	186 843.32	776 461.98	–5 247.19	1 638.59
杭州	262 773.16	1 598 698.97	6 904.81	6 785.10
宁波	91 938.40	382 461.75	1 822.64	1 618.31
黄山	63 779.38	185 874.12	222.42	904.98
福州	190 162.61	1 052 941.72	6 660.87	3 448.78
厦门	55 606.32	637 562.14	1 112.60	2 438.79
青岛	203 101.51	629 060.22	19 182.73	2 730.90
武汉	372 778.07	825 600.53	13 194.92	3 787.57
广州	327 195.33	2 545 711.41	15 780.84	13 133.79
深圳	104 714.22	2 277 035.81	2 861.95	7 169.09
珠海	17 921.03	256 123.73	697.65	1 006.96
中山	31 486.24	104 540.16	1 159.93	538.84
桂林	38 166.88	214 958.74	112.14	931.42
海口	40 420.54	336 468.08	492.41	1 116.25
成都	66 969.05	659 041.34	3 578.94	1 718.52
昆明	52 888.33	470 785.16	–1 798.43	1 343.45
西安	43 097.45	595 111.58	–335.57	1 543.40

主要经济指标

利润率 （%）	全员劳动生产率 （万元/人）	人均实现利润 （万元/人）	人均固定资产原价 （万元/人）	从业人员 （人）	企业数 （家）
0.46	**134.22**	**0.65**	**21.77**	**121 463**	**6 485**
1.12	230.49	2.59	16.02	4 038	189
0.51	72.60	0.39	12.95	3 533	407
−0.14	46.14	−0.07	3.79	2 368	170
2.04	75.50	1.54	7.81	3 798	315
−0.29	187.37	−0.58	33.21	7 932	538
0.04	186.56	0.08	31.56	2 603	161
−0.68	166.43	−1.22	43.48	4 297	236
0.43	143.29	0.65	24.65	10 661	659
0.48	91.83	0.45	22.62	4 064	275
0.12	73.47	0.09	25.38	2 513	161
0.63	188.83	1.25	35.59	5 343	147
0.17	105.94	0.21	10.41	5 343	219
3.05	125.85	4.26	45.07	4 506	450
1.60	92.53	1.60	45.21	8 245	329
0.62	186.47	1.22	25.37	12 899	355
0.13	154.41	0.19	7.10	14 745	594
0.27	293.09	0.81	20.72	865	112
1.11	77.49	0.86	23.34	1 349	56
0.05	80.12	0.04	15.06	2 535	133
0.15	87.85	0.15	11.91	3 393	211
0.54	111.78	0.80	14.90	4 496	95
−0.38	104.29	−0.42	12.29	4 304	325
−0.06	72.01	−0.04	5.65	7 633	348

3–3 主要城市星级饭店

	固定资产原价（万元）	营业收入（万元）	利润（万元）	营业税金及附加（万元）
总计	**13 923 912.97**	**5 969 083.42**	**104 602.71**	**414 113.76**
沈阳	571 792.28	163 873.59	–17 515.72	9 947.70
大连	817 861.50	253 945.64	–24 180.89	13 568.70
长春	287 797.34	106 293.45	–6 309.70	5 876.55
哈尔滨	326 599.51	132 163.53	–266.51	6 799.49
南京	684 286.34	338 003.16	6 581.66	17 759.35
无锡	399 874.14	203 117.37	–9 414.90	11 250.27
苏州	878 664.44	385 154.01	–21 019.63	21 200.00
杭州	1 475 691.05	612 996.28	–8 849.25	34 214.14
宁波	861 345.12	316 589.29	–25 993.47	18 375.65
黄山	215 492.37	73 743.62	–5 204.46	4 066.14
福州	264 600.60	195 094.32	6 200.29	11 012.13
厦门	492 667.77	321 478.97	17 910.27	101 811.47
青岛	774 990.42	297 998.86	–10 617.43	15 469.89
武汉	528 988.62	197 754.62	–9 386.91	10 053.17
广州	1 503 966.28	782 966.87	40 717.52	43 866.39
深圳	1 023 511.71	600 647.77	50 155.96	34 244.09
珠海	102 864.50	38 626.95	139 591.90	451.90
中山	31 348.70	40 570.42	–930.73	2 490.57
桂林	310 216.19	80 535.58	–11 386.43	4 512.47
海口	283 408.99	94 108.23	–15 161.98	5 165.63
成都	867 084.26	290 833.12	12 376.99	16 971.89
昆明	403 180.90	180 342.16	–2 003.85	11 236.49
西安	817 679.95	262 245.61	–690.02	13 769.69

主要经济指标

利润率 （%）	全员劳动生产率 （万元/人）	人均实现利润 （万元/人）	人均固定资产原价 （万元/人）	从业人员 （人）	企业数 （家）
1.75	**19.17**	**0.34**	**44.72**	**311 370**	**1 878**
−10.69	15.75	−1.68	54.96	10 403	67
−9.52	16.73	−1.59	53.87	15 181	127
−5.94	14.64	−0.87	39.64	7 261	46
−0.20	18.90	−0.04	46.72	6 991	70
1.95	22.01	0.43	44.56	15 358	86
−4.64	20.30	−0.94	39.97	10 004	45
−5.46	22.64	−1.24	51.66	17 009	100
−1.44	22.78	−0.33	54.83	26 914	167
−8.21	18.57	−1.52	50.51	17 052	117
−7.06	14.43	−1.02	42.15	5 112	49
3.18	19.44	0.62	26.37	10 036	51
5.57	22.55	1.26	34.56	14 255	71
−3.56	20.12	−0.72	52.33	14 811	106
−4.75	17.47	−0.83	46.73	11 320	69
5.20	23.18	1.21	44.53	33 773	186
8.35	24.34	2.03	41.48	24 673	111
361.38	20.88	75.46	55.60	1 850	31
−2.29	10.33	−0.24	7.98	3 927	18
−14.14	13.21	−1.87	50.90	6 095	61
−16.11	15.95	−2.57	48.04	5 900	39
4.26	17.25	0.73	51.43	16 860	89
−1.11	11.14	−0.12	24.91	16 188	71
−0.26	12.86	−0.03	40.09	20 397	101

3-4 主要城市内资星级饭店

	固定资产原价（万元）	营业收入（万元）	利润（万元）	营业税金及附加（万元）
总计	**10 825 676.57**	**4 917 444.55**	**90 063.60**	**354 456.75**
沈阳	390 840.66	129 413.14	−11 771.79	6 684.96
大连	457 921.94	170 691.03	−20 821.31	9 336.11
长春	207 472.44	86 523.85	−5 743.90	4 842.65
哈尔滨	275 666.91	110 833.23	−3 161.31	5 651.59
南京	548 980.24	289 538.21	7 692.21	15 089.93
无锡	349 560.77	183 123.73	−8 556.14	10 180.42
苏州	781 528.68	344 451.92	−19 198.49	18 975.65
杭州	1 328 983.65	555 821.78	−14 476.15	30 980.14
宁波	747 876.20	272 523.19	−21 013.46	16 033.87
黄山	215 480.44	73 651.26	−5 200.56	4 060.91
福州	176 286.03	145 384.19	942.23	8 238.92
厦门	287 487.67	220 158.83	15 856.21	95 507.66
青岛	544 108.22	239 536.46	−4 686.03	12 375.59
武汉	382 147.77	145 547.44	−6 010.44	7 577.65
广州	1 113 722.18	606 752.43	36 663.73	34 096.45
深圳	980 072.73	536 627.21	41 956.28	30 536.28
珠海	64 030.06	32 119.24	122 177.50	475.53
中山	23 069.30	32 887.42	−8.33	2 045.17
桂林	267 072.89	70 842.98	−5 586.83	4 005.17
海口	217 535.80	80 614.99	−13 130.19	4 447.19
成都	540 820.94	245 389.03	11 105.15	13 780.05
昆明	352 270.83	159 166.43	−3 063.42	10 029.96
西安	572 740.24	185 846.56	−3 901.35	9 504.89

主要经济指标

利润率（%）	全员劳动生产率（万元/人）	人均实现利润（万元/人）	人均固定资产原价（万元/人）	从业人员（人）	企业数（家）
1.83	**18.43**	**0.34**	**40.57**	**266 856**	**1 713**
−9.10	16.41	−1.49	49.57	7 885	56
−12.20	14.82	−1.81	39.75	11 519	111
−6.64	13.39	−0.89	32.11	6 461	44
−2.85	17.16	−0.49	42.69	6 458	68
2.66	21.70	0.58	41.14	13 345	80
−4.67	20.83	−0.97	39.76	8 791	42
−5.57	22.67	−1.26	51.45	15 191	94
−2.60	22.13	−0.58	52.92	25 114	161
−7.71	18.30	−1.41	50.21	14 894	111
−7.06	14.44	−1.02	42.23	5 102	48
0.65	18.76	0.12	22.75	7 749	40
7.20	22.77	1.64	29.73	9 670	57
−1.96	18.80	−0.37	42.70	12 742	97
−4.13	15.72	−0.65	41.27	9 259	62
6.04	21.48	1.30	39.43	28 244	168
7.82	24.20	1.89	44.20	22 172	100
380.39	18.04	68.64	35.97	1 780	29
−0.03	9.42	0.00	6.61	3 490	17
−7.89	13.24	−1.04	49.90	5 352	58
−16.29	15.61	−2.54	42.12	5 165	35
4.53	16.53	0.75	36.42	14 849	80
−1.92	10.56	−0.20	23.36	15 077	66
−2.10	11.23	−0.24	34.61	16 547	89

3-5 主要城市外资星级饭店

	固定资产 原　价 （万元）	营业收入 （万元）	利　润 （万元）	营业税金 及附加 （万元）
总　计	**3 098 236.41**	**1 051 638.87**	**14 539.11**	**59 657.01**
沈　阳	180 951.62	34 460.45	–5 743.93	3 262.74
大　连	359 939.56	83 254.61	–3 359.58	4 232.58
长　春	80 324.90	19 769.60	–565.80	1 033.90
哈尔滨	50 932.60	21 330.30	2 894.80	1 147.90
南　京	135 306.10	48 464.95	–1 110.55	2 669.42
无　锡	50 313.37	19 993.64	–858.76	1 069.85
苏　州	97 135.76	40 702.09	–1 821.14	2 224.35
杭　州	146 707.40	57 174.50	5 626.90	3 234.00
宁　波	113 468.92	44 066.10	–4 980.01	2 341.77
黄　山	11.94	92.36	–3.90	5.23
福　州	88 314.57	49 710.13	5 258.06	2 773.21
厦　门	205 180.10	101 320.14	2 054.06	6 303.81
青　岛	230 882.20	58 462.40	–5 931.40	3 094.30
武　汉	146 840.86	52 207.18	–3 376.48	2 475.53
广　州	390 244.10	176 214.44	4 053.80	9 769.94
深　圳	43 438.98	64 020.56	8 199.68	3 707.81
珠　海	38 834.44	6 507.71	17 414.40	–23.63
中　山	8 279.40	7 683.00	–922.40	445.40
桂　林	43 143.30	9 692.60	–5 799.60	507.30
海　口	65 873.19	13 493.24	–2 031.79	718.44
成　都	326 263.33	45 444.09	1 271.84	3 191.84
昆　明	50 910.06	21 175.73	1 059.57	1 206.53
西　安	244 939.71	76 399.05	3 211.33	4 264.80

主要经济指标

利润率 （%）	全员劳动生产率 （万元/人）	人均实现利润 （万元/人）	人均固定资产原价 （万元/人）	从业人员 （人）	企业数 （家）
1.38	**23.62**	**0.33**	**69.60**	**44 514**	**165**
−16.67	13.69	−2.28	71.86	2 518	11
−4.04	22.73	−0.92	98.29	3 662	16
−2.86	24.71	−0.71	100.41	800	2
13.57	40.02	5.43	95.56	533	2
−2.29	24.08	−0.55	67.22	2 013	6
−4.30	16.48	−0.71	41.48	1 213	3
−4.47	22.39	−1.00	53.43	1 818	6
9.84	31.76	3.13	81.50	1 800	6
−11.30	20.42	−2.31	52.58	2 158	6
−4.22	9.24	−0.39	1.19	10	1
10.58	21.74	2.30	38.62	2 287	11
2.03	22.10	0.45	44.75	4 585	14
−10.15	28.26	−2.87	111.59	2 069	9
−6.47	25.33	−1.64	71.25	2 061	7
2.30	31.87	0.73	70.58	5 529	18
12.81	25.60	3.28	17.37	2 501	11
267.60	92.97	248.78	554.78	70	2
−12.01	17.58	−2.11	18.95	437	1
−59.84	13.05	−7.81	58.07	743	3
−15.06	18.36	−2.76	89.62	735	4
2.80	22.60	0.63	162.24	2 011	9
5.00	19.06	0.95	45.82	1 111	5
4.20	19.84	0.83	63.62	3 850	12

3-6 主要城市旅游景区

	固定资产原价（万元）	营业收入（万元）	利润（万元）	营业税金及附加（万元）
总计	**4 038 957.93**	**1 502 222.93**	**244 924.98**	**60 199.68**
沈阳	1 144.89	650.43	100.88	22.31
大连	48 107.67	28 370.76	421.04	699.74
长春	58 450.75	10 281.32	-209.32	411.63
哈尔滨	532.02	449.95	0.92	15.89
南京	101 705.26	74 329.60	8 645.20	627.11
无锡	425 885.99	108 079.18	6 839.47	3 173.69
苏州	262 208.78	68 485.26	-19 148.69	2 167.73
杭州	609 552.80	115 163.03	10 294.82	5 313.31
宁波	82 634.68	42 449.18	-6 895.15	1 455.46
黄山	84 038.50	45 783.81	9 982.53	2 377.19
福州	32 472.54	17 466.83	3 016.64	1 591.59
厦门	56 254.84	31 875.47	10 239.93	1 217.55
青岛	256 982.00	111 415.33	19 015.35	4 011.32
武汉	280 225.74	78 830.68	13 432.34	2 628.27
广州	264 948.58	247 521.49	90 689.94	9 803.32
深圳	571 263.04	204 353.58	56 181.94	9 643.08
珠海	63 612.45	16 339.48	-845.23	1 154.89
中山	14 783.71	6 752.24	-493.39	360.24
桂林	37 418.49	19 075.21	3 122.33	862.12
海口	1 148.23	3 192.03	-619.23	206.30
成都	526 317.42	93 671.62	3 884.65	4 869.00
昆明	37 030.90	10 958.76	2 293.41	374.71
西安	222 238.65	166 727.71	34 974.58	7 213.24

主要经济指标

利润率 (%)	全员劳动生产率 (万元/人)	人均实现利润 (万元/人)	人均固定资产原价 (万元/人)	从业人员 (人)	企业数 (家)
16.3	**27.53**	**4.49**	**74.03**	**54 560**	**355**
15.51	28.28	4.39	49.78	23	1
1.48	16.25	0.24	27.55	1 746	14
–2.04	14.71	–0.30	83.62	699	3
0.20	4.45	0.01	5.27	101	1
11.63	19.12	2.22	26.17	3 887	19
6.33	35.53	2.25	140.00	3 042	30
–27.96	21.71	–6.07	83.11	3 155	36
8.94	24.53	2.19	129.83	4 695	38
–16.24	17.20	–2.79	33.48	2 468	27
21.80	33.30	7.26	61.12	1 375	20
17.27	36.16	6.25	67.23	483	4
32.12	31.65	10.17	55.86	1 007	11
17.07	47.15	8.05	108.75	2 363	25
17.04	24.36	4.15	86.60	3 236	15
36.64	31.27	11.46	33.47	7 915	30
27.49	28.36	7.80	79.27	7 206	14
–5.17	13.24	–0.68	51.55	1 234	8
–7.31	8.59	–0.63	18.81	786	6
16.37	12.43	2.04	24.39	1 534	13
–19.40	9.31	–1.81	3.35	343	3
4.15	44.88	1.86	252.19	2 087	5
20.93	44.73	9.36	151.15	245	1
20.98	33.83	7.10	45.09	4 929	31

四、分城市旅游企业资料

4-1 沈阳市旅游

	固定资产原价（万元）	营业收入（万元）	利润（万元）	营业税金及附加（万元）
合计	**637 612.06**	**1 102 274.26**	**–6 957.30**	**13 642.63**
（一）旅行社	64 674.89	937 750.24	10 457.54	3 672.62
（二）星级饭店	571 792.28	163 873.59	–17 515.72	9 947.70
内资饭店	390 840.66	129 413.14	–11 771.79	6 684.96
外资饭店	180 951.62	34 460.45	– 5 743.93	3 262.74
（三）旅游景区	1 144.89	650.43	100.88	22.31

4-2 大连市旅游

	固定资产原价（万元）	营业收入（万元）	利润（万元）	营业税金及附加（万元）
合计	**911 703.93**	**550 862.82**	**–22 377.19**	**15 257.02**
（一）旅行社	45 734.76	268 546.42	1 382.67	988.58
（二）星级饭店	817 861.50	253 945.64	–24 180.89	13 568.70
内资饭店	457 921.94	170 691.03	–20 821.31	9 336.11
外资饭店	359 939.56	83 254.61	–3 359.58	4 232.58
（三）旅游景区	48 107.67	28 370.76	421.04	699.74

企业主要经济指标

利润率 （%）	全员劳动 生 产 率 （万元/人）	人均实现 利　　润 （万元/人）	人均固定资产 原　　价 （万元/人）	从业人员 （人）	企业数 （家）
–0.63	**76.21**	**–0.48**	**44.08**	**14 464**	**257**
1.12	230.49	2.59	16.02	4 038	189
–10.69	15.75	–1.68	54.96	10 403	67
–9.10	16.41	–1.49	49.57	7 885	56
–16.67	13.69	–2.28	71.86	2 518	11
15.51	28.28	4.39	49.78	23	1

企业主要经济指标

利润率 （%）	全员劳动 生 产 率 （万元/人）	人均实现 利　　润 （万元/人）	人均固定资产 原　　价 （万元/人）	从业人员 （人）	企业数 （家）
–4.06	**26.92**	**–1.09**	**44.56**	**20 460**	**548**
0.51	72.60	0.39	12.95	3 533	407
–9.52	16.73	–1.59	53.87	15 181	127
–12.20	14.82	–1.81	39.75	11 519	111
–4.04	22.73	–0.92	98.29	3 662	16
1.48	16.25	0.24	27.55	1 746	14

4-3 长春市旅游

	固定资产原　价（万元）	营业收入（万元）	利　润（万元）	营业税金及附加（万元）
合　计	**355 226.60**	**231 664.11**	**–6 676.49**	**6 728.60**
（一）旅行社	8 978.51	115 089.34	–157.46	440.42
（二）星级饭店	287 797.34	106 293.45	–6 309.70	5 876.55
内资饭店	207 472.44	86 523.85	–5 743.90	4 842.65
外资饭店	80 324.90	19 769.60	–565.80	1 033.90
（三）旅游景区	58 450.75	10 281.32	–209.32	411.63

4-4 哈尔滨市旅游

	固定资产原　价（万元）	营业收入（万元）	利　润（万元）	营业税金及附加（万元）
合　计	**356 791.22**	**419 362.01**	**5 570.07**	**7 926.16**
（一）旅行社	29 659.69	286 748.53	5 835.67	1 110.78
（二）星级饭店	326 599.51	132 163.53	–266.51	6 799.49
内资饭店	275 666.91	110 833.23	–3 161.31	5 651.59
外资饭店	50 932.60	21 330.30	2 894.80	1 147.90
（三）旅游景区	532.02	449.95	0.92	15.89

企业主要经济指标

利润率 （%）	全员劳动 生产率 （万元/人）	人均实现 利润 （万元/人）	人均固定资产 原价 （万元/人）	从业人员 （人）	企业数 （家）
–2.88	**22.43**	**–0.65**	**34.39**	**10 328**	**219**
–0.14	46.14	–0.07	3.79	2 368	170
–5.94	14.64	–0.87	39.64	7 261	46
–6.64	13.39	–0.89	32.11	6 461	44
–2.86	24.71	–0.71	100.41	800	2
–2.04	14.71	–0.30	83.62	699	3

企业主要经济指标

利润率 （%）	全员劳动 生产率 （万元/人）	人均实现 利润 （万元/人）	人均固定资产 原价 （万元/人）	从业人员 （人）	企业数 （家）
1.33	**38.51**	**0.51**	**32.76**	**10 890**	**386**
2.04	75.50	1.54	7.81	3 798	315
–0.20	18.90	–0.04	46.72	6 991	70
–2.85	17.16	–0.49	42.69	6 458	68
13.57	40.02	5.43	95.56	533	2
0.20	4.45	0.01	5.27	101	1

4-5 南京市旅游

	固定资产原价（万元）	营业收入（万元）	利润（万元）	营业税金及附加（万元）
合计	**1 049 430.73**	**1 994 127.78**	**10 592.31**	**22 120.66**
（一）旅行社	263 439.13	1 581 795.02	–4 634.55	3 734.20
（二）星级饭店	684 286.34	338 003.16	6 581.66	17 759.35
内资饭店	548 980.24	289 538.21	7 692.21	15 089.93
外资饭店	135 306.10	48 464.95	–1 110.55	2 669.42
（三）旅游景区	101 705.26	74 329.60	8 645.20	627.11

4-6 无锡市旅游

	固定资产原价（万元）	营业收入（万元）	利润（万元）	营业税金及附加（万元）
合计	**907 913.55**	**831 386.00**	**–2 374.36**	**15 684.15**
（一）旅行社	82 153.42	520 189.45	201.07	1 260.19
（二）星级饭店	399 874.14	203 117.37	–9 414.90	11 250.27
内资饭店	349 560.77	183 123.73	–8 556.14	10 180.42
外资饭店	50 313.37	19 993.64	–858.76	1 069.85
（三）旅游景区	425 885.99	108 079.18	6 839.47	3 173.69

企业主要经济指标

利润率（%）	全员劳动生产率（万元/人）	人均实现利润（万元/人）	人均固定资产原价（万元/人）	从业人员（人）	企业数（家）
0.53	**73.38**	**0.39**	**38.61**	**27 177**	**643**
−0.29	187.37	−0.58	33.21	7 932	538
1.95	22.01	0.43	44.56	15 358	86
2.66	21.70	0.58	41.14	13 345	80
−2.29	24.08	−0.55	67.22	2 013	6
11.63	19.12	2.22	26.17	3 887	19

企业主要经济指标

利润率（%）	全员劳动生产率（万元/人）	人均实现利润（万元/人）	人均固定资产原价（万元/人）	从业人员（人）	企业数（家）
−0.29	**53.13**	**−0.15**	**58.02**	**15 649**	**236**
0.04	186.56	0.08	31.56	2 603	161
−4.64	20.30	−0.94	39.97	10 004	45
−4.67	20.83	−0.97	39.76	8 791	42
−4.30	16.48	−0.71	41.48	1 213	3
6.33	35.53	2.25	140.00	3 042	30

4-7 苏州市旅游

	固定资产原价（万元）	营业收入（万元）	利润（万元）	营业税金及附加（万元）
合计	**1 327 716.54**	**1 230 101.25**	**–45 415.51**	**25 006.32**
（一）旅行社	186 843.32	776 461.98	–5 247.19	1 638.59
（二）星级饭店	878 664.44	385 154.01	–21 019.63	21 200.00
内资饭店	781 528.68	344 451.92	–19 198.49	18 975.65
外资饭店	97 135.76	40 702.09	–1 821.14	2 224.35
（三）旅游景区	262 208.78	68 485.26	–19 148.69	2 167.73

4-8 杭州市旅游

	固定资产原价（万元）	营业收入（万元）	利润（万元）	营业税金及附加（万元）
合计	**2 348 017.01**	**2 326 858.28**	**8 350.38**	**46 312.55**
（一）旅行社	262 773.16	1 598 698.97	6 904.81	6 785.10
（二）星级饭店	1 475 691.05	612 996.28	–8 849.25	34 214.14
内资饭店	1 328 983.65	555 821.78	–14 476.15	30 980.14
外资饭店	146 707.40	57 174.50	5 626.90	3 234.00
（三）旅游景区	609 552.80	115 163.03	10 294.82	5 313.31

企业主要经济指标

利润率 （%）	全员劳动生产率 （万元/人）	人均实现利润 （万元/人）	人均固定资产原价 （万元/人）	从业人员 （人）	企业数 （家）
–3.69	**50.29**	**–1.86**	**54.28**	**24 461**	**372**
–0.68	166.43	–1.22	43.48	4 297	236
–5.46	22.64	–1.24	51.66	17 009	100
–5.57	22.67	–1.26	51.45	15 191	94
–4.47	22.39	–1.00	53.43	1 818	6
–27.96	21.71	–6.07	83.11	3 155	36

企业主要经济指标

利润率 （%）	全员劳动生产率 （万元/人）	人均实现利润 （万元/人）	人均固定资产原价 （万元/人）	从业人员 （人）	企业数 （家）
0.36	**55.05**	**0.20**	**55.55**	**42 270**	**864**
0.43	143.29	0.65	24.65	10 661	659
–1.44	22.78	–0.33	54.83	26 914	167
–2.60	22.13	–0.58	52.92	25 114	161
9.84	31.76	3.13	81.50	1 800	6
8.94	24.53	2.19	129.83	4 695	38

4-9 宁波市旅游

	固定资产原价（万元）	营业收入（万元）	利润（万元）	营业税金及附加（万元）
合计	**1 035 918.20**	**741 500.22**	**–31 065.98**	**21 449.42**
（一）旅行社	91 938.40	382 461.75	1 822.64	1 618.31
（二）星级饭店	861 345.12	316 589.29	–25 993.47	18 375.65
内资饭店	747 876.20	272 523.19	–21 013.46	16 033.87
外资饭店	113 468.92	44 066.10	–4 980.01	2 341.77
（三）旅游景区	82 634.68	42 449.18	–6 895.15	1 455.46

4-10 黄山市旅游

	固定资产原价（万元）	营业收入（万元）	利润（万元）	营业税金及附加（万元）
合计	**363 310.25**	**305 401.55**	**5 000.50**	**7 348.31**
（一）旅行社	63 779.38	185 874.12	222.42	904.98
（二）星级饭店	215 492.37	73 743.62	–5 204.46	4 066.14
内资饭店	215 480.44	73 651.26	–5 200.56	4 060.91
外资饭店	11.94	92.36	–3.90	5.23
（三）旅游景区	84 038.50	45 783.81	9 982.53	2 377.19

企业主要经济指标

利润率（%）	全员劳动生产率（万元/人）	人均实现利润（万元/人）	人均固定资产原价（万元/人）	从业人员（人）	企业数（家）
−4.19	**31.44**	**−1.32**	**43.92**	**23 584**	**419**
0.48	91.83	0.45	22.62	4 064	275
−8.21	18.57	−1.52	50.51	17 052	117
−7.71	18.30	−1.41	50.21	14 894	111
−11.30	20.42	−2.31	52.58	2 158	6
−16.24	17.20	−2.79	33.48	2 468	27

企业主要经济指标

利润率（%）	全员劳动生产率（万元/人）	人均实现利润（万元/人）	人均固定资产原价（万元/人）	从业人员（人）	企业数（家）
1.64	**33.93**	**0.56**	**40.37**	**9 000**	**230**
0.12	73.47	0.09	25.38	2 513	161
−7.06	14.43	−1.02	42.15	5 112	49
−7.06	14.44	−1.02	42.23	5 102	48
−4.22	9.24	−0.39	1.19	10	1
21.80	33.30	7.26	61.12	1 375	20

4-11 福州市旅游

	固定资产原价（万元）	营业收入（万元）	利润（万元）	营业税金及附加（万元）
合计	**487 235.75**	**1 265 502.87**	**15 877.79**	**16 052.50**
（一）旅行社	190 162.61	1 052 941.72	6 660.87	3 448.78
（二）星级饭店	264 600.60	195 094.32	6 200.29	11 012.13
内资饭店	176 286.03	145 384.19	942.23	8 238.92
外资饭店	88 314.57	49 710.13	5 258.06	2 773.21
（三）旅游景区	32 472.54	17 466.83	3 016.64	1 591.59

4-12 厦门市旅游

	固定资产原价（万元）	营业收入（万元）	利润（万元）	营业税金及附加（万元）
合计	**604 528.93**	**990 916.57**	**29 262.80**	**105 467.81**
（一）旅行社	55 606.32	637 562.14	1 112.60	2 438.79
（二）星级饭店	492 667.77	321 478.97	17 910.27	101 811.47
内资饭店	287 487.67	220 158.83	15 856.21	95 507.66
外资饭店	205 180.10	101 320.14	2 054.06	6 303.81
（三）旅游景区	56 254.84	31 875.47	10 239.93	1 217.55

企业主要经济指标

利润率（%）	全员劳动生产率（万元/人）	人均实现利润（万元/人）	人均固定资产原价（万元/人）	从业人员（人）	企业数（家）
1.25	**79.78**	**1.00**	**30.72**	**15 862**	**202**
0.63	188.83	1.25	35.59	5 343	147
3.18	19.44	0.62	26.37	10 036	51
0.65	18.76	0.12	22.75	7 749	40
10.58	21.74	2.30	38.62	2 287	11
17.27	36.16	6.25	67.23	483	4

企业主要经济指标

利润率（%）	全员劳动生产率（万元/人）	人均实现利润（万元/人）	人均固定资产原价（万元/人）	从业人员（人）	企业数（家）
2.95	**48.09**	**1.42**	**29.34**	**20 605**	**301**
0.17	105.94	0.21	10.41	5 343	219
5.57	22.55	1.26	34.56	14 255	71
7.20	22.77	1.64	29.73	9 670	57
2.03	22.10	0.45	44.75	4 585	14
32.12	31.65	10.17	55.86	1 007	11

4-13 青岛市旅游

	固定资产原　价（万元）	营业收入（万元）	利　润（万元）	营业税金及附加（万元）
合　计	**1 235 073.93**	**1 038 474.41**	**27 580.65**	**22 212.11**
（一）旅行社	203 101.51	629 060.22	19 182.73	2 730.90
（二）星级饭店	774 990.42	297 998.86	−10 617.43	15 469.89
内资饭店	544 108.22	239 536.46	−4 686.03	12 375.59
外资饭店	230 882.20	58 462.40	−5 931.40	3 094.30
（三）旅游景区	256 982.00	111 415.33	19 015.35	4 011.32

4-14 武汉市旅游

	固定资产原　价（万元）	营业收入（万元）	利　润（万元）	营业税金及附加（万元）
合　计	**1 181 992.43**	**1 102 185.83**	**17 240.35**	**16 469.01**
（一）旅行社	372 778.07	825 600.53	13 194.92	3 787.57
（二）星级饭店	528 988.62	197 754.62	−9 386.91	10 053.17
内资饭店	382 147.77	145 547.44	−6 010.44	7 577.65
外资饭店	146 840.86	52 207.18	− 3 376.48	2 475.53
（三）旅游景区	280 225.74	78 830.68	13 432.34	2 628.27

企业主要经济指标

利润率 （%）	全员劳动生产率 （万元/人）	人均实现利润 （万元/人）	人均固定资产原价 （万元/人）	从业人员 （人）	企业数 （家）
2.66	**47.90**	**1.27**	**56.97**	**21 680**	**581**
3.05	125.85	4.26	45.07	4 506	450
−3.56	20.12	−0.72	52.33	14 811	106
−1.96	18.80	−0.37	42.70	12 742	97
−10.15	28.26	−2.87	111.59	2 069	9
17.07	47.15	8.05	108.75	2 363	25

企业主要经济指标

利润率 （%）	全员劳动生产率 （万元/人）	人均实现利润 （万元/人）	人均固定资产原价 （万元/人）	从业人员 （人）	企业数 （家）
1.56	**48.34**	**0.76**	**51.84**	**22 801**	**413**
1.60	92.53	1.60	45.21	8 245	329
−4.75	17.47	−0.83	46.73	11 320	69
−4.13	15.72	−0.65	41.27	9 259	62
−6.47	25.33	−1.64	71.25	2 061	7
17.04	24.36	4.15	86.60	3 236	15

4-15 广州市旅游

	固定资产原价（万元）	营业收入（万元）	利润（万元）	营业税金及附加（万元）
合计	**2 096 110.19**	**3 576 199.76**	**147 188.30**	**66 803.50**
（一）旅行社	327 195.33	2 545 711.41	15 780.84	13 133.79
（二）星级饭店	1 503 966.28	782 966.87	40 717.52	43 866.39
内资饭店	1 113 722.18	606 752.43	36 663.73	34 096.45
外资饭店	390 244.10	176 214.44	4 053.80	9 769.94
（三）旅游景区	264 948.58	247 521.49	90 689.94	9 803.32

4-16 深圳市旅游

	固定资产原价（万元）	营业收入（万元）	利润（万元）	营业税金及附加（万元）
合计	**1 699 488.97**	**3 082 037.16**	**109 199.84**	**51 056.26**
（一）旅行社	104 714.22	2 277 035.81	2 861.95	7 169.09
（二）星级饭店	1 023 511.71	600 647.77	50 155.96	34 244.09
内资饭店	980 072.73	536 627.21	41 956.28	30 536.28
外资饭店	43 438.98	64 020.56	8 199.68	3 707.81
（三）旅游景区	571 263.04	204 353.58	56 181.94	9 643.08

企业主要经济指标

利润率 (%)	全员劳动生产率 (万元/人)	人均实现利润 (万元/人)	人均固定资产原价 (万元/人)	从业人员 (人)	企业数 (家)
4.12	**65.51**	**2.70**	**38.40**	**54 587**	**571**
0.62	186.47	1.22	25.37	12 899	355
5.20	23.18	1.21	44.53	33 773	186
6.04	21.48	1.30	39.43	28 244	168
2.30	31.87	0.73	70.58	5 529	18
36.64	31.27	11.46	33.47	7 915	30

企业主要经济指标

利润率 (%)	全员劳动生产率 (万元/人)	人均实现利润 (万元/人)	人均固定资产原价 (万元/人)	从业人员 (人)	企业数 (家)
3.54	**66.10**	**2.34**	**36.45**	**46 624**	**719**
0.13	154.41	0.19	7.10	14 745	594
8.35	24.34	2.03	41.48	24 673	111
7.82	24.20	1.89	44.20	22 172	100
12.81	25.60	3.28	17.37	2 501	11
27.49	28.36	7.80	79.27	7 206	14

4-17 珠海市旅游

	固定资产原价（万元）	营业收入（万元）	利润（万元）	营业税金及附加（万元）
合计	**184 397.98**	**311 090.16**	**139 444.32**	**2 613.75**
（一）旅行社	17 921.03	256 123.73	697.65	1 006.96
（二）星级饭店	102 864.50	38 626.95	139 591.90	451.90
内资饭店	64 030.06	32 119.24	122 177.50	475.53
外资饭店	38 834.44	6 507.71	17 414.40	–23.63
（三）旅游景区	63 612.45	16 339.48	–845.23	1 154.89

4-18 中山市旅游

	固定资产原价（万元）	营业收入（万元）	利润（万元）	营业税金及附加（万元）
合计	**77 618.65**	**151 862.82**	**–264.19**	**3 389.65**
（一）旅行社	31 486.24	104 540.16	1 159.93	538.84
（二）星级饭店	31 348.70	40 570.42	–930.73	2 490.57
内资饭店	23 069.30	32 887.42	–8.33	2 045.17
外资饭店	8 279.40	7 683.00	–922.40	445.40
（三）旅游景区	14 783.71	6 752.24	–493.39	360.24

企业主要经济指标

利润率 （%）	全员劳动 生产率 （万元/人）	人均实现 利润 （万元/人）	人均固定资产 原价 （万元/人）	从业人员 （人）	企业数 （家）
44.82	**78.78**	**35.31**	**46.69**	**3 949**	**151**
0.27	293.09	0.81	20.72	865	112
361.38	20.88	75.46	55.60	1 850	31
380.39	18.04	68.64	35.97	1 780	29
267.60	92.97	248.78	554.78	70	2
–5.17	13.24	–0.68	51.55	1 234	8

企业主要经济指标

利润率 （%）	全员劳动 生产率 （万元/人）	人均实现 利润 （万元/人）	人均固定资产 原价 （万元/人）	从业人员 （人）	企业数 （家）
–0.17	**25.05**	**–0.04**	**12.80**	**6 062**	**80**
1.11	77.49	0.86	23.34	1 349	56
–2.29	10.33	–0.24	7.98	3 927	18
–0.03	9.42	0.00	6.61	3 490	17
–12.01	17.58	–2.11	18.95	437	1
–7.31	8.59	–0.63	18.81	786	6

4-19 桂林市旅游

	固定资产原价（万元）	营业收入（万元）	利润（万元）	营业税金及附加（万元）
合计	**385 801.56**	**314 569.53**	**–8 151.96**	**6 306.01**
（一）旅行社	38 166.88	214 958.74	112.14	931.42
（二）星级饭店	310 216.19	80 535.58	–11 386.43	4 512.47
内资饭店	267 072.89	70 842.98	–5 586.83	4 005.17
外资饭店	43 143.30	9 692.60	– 5 799.60	507.30
（三）旅游景区	37 418.49	19 075.21	3 122.33	862.12

4-20 海口市旅游

	固定资产原价（万元）	营业收入（万元）	利润（万元）	营业税金及附加（万元）
合计	**324 977.76**	**433 768.34**	**–15 288.80**	**6 488.18**
（一）旅行社	40 420.54	336 468.08	492.41	1 116.25
（二）星级饭店	283 408.99	94 108.23	–15 161.98	5 165.63
内资饭店	217 535.80	80 614.99	–13 130.19	4 447.19
外资饭店	65 873.19	13 493.24	– 2 031.79	718.44
（三）旅游景区	1 148.23	3 192.03	–619.23	206.30

企业主要经济指标

利润率（%）	全员劳动生产率（万元/人）	人均实现利润（万元/人）	人均固定资产原价（万元/人）	从业人员（人）	企业数（家）
−2.59	**30.95**	**−0.80**	**37.96**	**10 164**	**207**
0.05	80.12	0.04	15.06	2 535	133
−14.14	13.21	−1.87	50.90	6 095	61
−7.89	13.24	−1.04	49.90	5 352	58
−59.84	13.05	−7.81	58.07	743	3
16.37	12.43	2.04	24.39	1 534	13

企业主要经济指标

利润率（%）	全员劳动生产率（万元/人）	人均实现利润（万元/人）	人均固定资产原价（万元/人）	从业人员（人）	企业数（家）
−3.52	**45.02**	**−1.59**	**33.73**	**9 636**	**253**
0.15	87.85	0.15	11.91	3 393	211
−16.11	15.95	−2.57	48.04	5 900	39
−16.29	15.61	−2.54	42.12	5 165	35
−15.06	18.36	−2.76	89.62	735	4
−19.40	9.31	−1.81	3.35	343	3

4-21 成都市旅游

	固定资产原价（万元）	营业收入（万元）	利润（万元）	营业税金及附加（万元）
合计	**1 460 370.73**	**1 043 546.08**	**19 840.58**	**23 559.41**
（一）旅行社	66 969.05	659 041.34	3 578.94	1 718.52
（二）星级饭店	867 084.26	290 833.12	12 376.99	16 971.89
内资饭店	540 820.94	245 389.03	11 105.15	13 780.05
外资饭店	326 263.33	45 444.09	1 271.84	3 191.84
（三）旅游景区	526 317.42	93 671.62	3 884.65	4 869.00

4-22 昆明市旅游

	固定资产原价（万元）	营业收入（万元）	利润（万元）	营业税金及附加（万元）
合计	**493 100.13**	**662 086.08**	**–1 508.87**	**12 954.65**
（一）旅行社	52 888.33	470 785.16	–1 798.43	1 343.45
（二）星级饭店	403 180.90	180 342.16	–2 003.85	11 236.49
内资饭店	352 270.83	159 166.43	–3 063.42	10 029.96
外资饭店	50 910.06	21 175.73	1 059.57	1 206.53
（三）旅游景区	37 030.90	10 958.76	2 293.41	374.71

企业主要经济指标

利润率 （%）	全员劳动生产率 （万元/人）	人均实现利润 （万元/人）	人均固定资产原价 （万元/人）	从业人员 （人）	企业数 （家）
1.90	**44.51**	**0.85**	**62.29**	**23 443**	**189**
0.54	111.78	0.80	14.90	4 496	95
4.26	17.25	0.73	51.43	16 860	89
4.53	16.53	0.75	36.42	14 849	80
2.80	22.60	0.63	162.24	2 011	9
4.15	44.88	1.86	252.19	2 087	5

企业主要经济指标

利润率 （%）	全员劳动生产率 （万元/人）	人均实现利润 （万元/人）	人均固定资产原价 （万元/人）	从业人员 （人）	企业数 （家）
−0.23	**31.93**	**−0.07**	**23.78**	**20 737**	**397**
−0.38	104.29	−0.42	12.29	4 304	325
−1.11	11.14	−0.12	24.91	16 188	71
−1.92	10.56	−0.20	23.36	15 077	66
5.00	19.06	0.95	45.82	1 111	5
20.93	44.73	9.36	151.15	245	1

4–23 西安市旅游

	固定资产原价（万元）	营业收入（万元）	利润（万元）	营业税金及附加（万元）
合计	**1 083 016.05**	**1 024 084.90**	**33 948.99**	**22 526.33**
（一）旅行社	43 097.45	595 111.58	–335.57	1 543.40
（二）星级饭店	817 679.95	262 245.61	–690.02	13 769.69
内资饭店	572 740.24	185 846.56	–3 901.35	9 504.89
外资饭店	244 939.71	76 399.05	3 211.33	4 264.80
（三）旅游景区	222 238.65	166 727.71	34 974.58	7 213.24

企业主要经济指标

利润率 （%）	全员劳动生产率 （万元/人）	人均实现利润 （万元/人）	人均固定资产原价 （万元/人）	从业人员 （人）	企业数 （家）
3.32	**31.07**	**1.03**	**32.86**	**32 959**	**480**
–0.06	72.01	–0.04	5.65	7 633	348
–0.26	12.86	–0.03	40.09	20 397	101
–2.10	11.23	–0.24	34.61	16 547	89
4.20	19.84	0.83	63.62	3 850	12
20.98	33.83	7.10	45.09	4 929	31

下篇

全国星级饭店综合资料

五、全国星级饭店综合资料

5-1 全国星级饭店

饭店注册登记类型和星级		饭店数（家）	客房数（间/套）	床位数（张）
饭店注册登记类型	**合　计**	**10 550**	**1 462 454**	**2 593 585**
	国有企业	2 426	343 625	618 786
	集体企业	331	34 677	82 179
	股份合作企业	262	31 850	58 607
	国有联营	15	1 432	2 681
	集体联营	19	1 625	2 808
	国有与集体联营	8	716	1 345
	其他联营	25	3 189	5 240
	国有独资公司	323	52 786	82 501
	其他有限责任公司	597	100 281	162 243
	股份有限公司	651	94 916	177 351
	私营独资	1 955	185 651	363 032
	私营合伙	357	38 575	68 636
	私营有限责任公司	1 981	262 167	462 994
	私营股份有限公司	237	33 644	57 625
	其他	980	188 114	312 813
	与港澳台商合资经营	66	14 561	22 056
	与港澳台商合作经营	22	6 002	8 738
	港澳台商独资	73	18 393	28 206
	港澳台商投资股份有限公司	19	3 932	5 866
	中外合资经营	88	19 976	30 733
	中外合作经营	22	4 683	7 345
	外资企业	73	18 323	26 770
	外商投资股份有限公司	20	3 336	5 030
饭店星级	**合　计**	**10 550**	**1 462 454**	**2 593 585**
	五星级	789	269 119	398 767
	四星级	2 375	470 600	789 962
	三星级	5 098	571 493	1 057 034
	二星级	2 197	146 882	340 141
	一星级	91	4 360	7 681

综合情况

客　房 出租率 （%）	营业收入 （万元）	营业税金 及 附 加 （万元）	固定资产 原　　价 （万元）
54.19	**21 067 539.91**	**1 365 327.93**	**54 612 983.53**
54.00	5 033 672.63	274 184.78	16 944 330.92
54.82	391 243.96	22 137.52	940 250.12
53.89	322 723.76	17 657.67	959 060.73
57.81	11 941.25	597.76	60 687.14
57.67	11 727.99	622.39	27 843.91
55.70	9 773.74	536.14	36 381.94
56.70	37 486.72	2 109.01	91 354.15
59.13	1 023 154.57	56 829.78	2 023 117.83
51.06	1 369 905.76	157 326.36	3 327 414.59
52.79	1 178 737.84	66 002.24	2 896 295.18
50.80	1 635 326.96	135 451.41	3 610 373.40
54.61	450 687.32	37 140.58	803 631.91
51.82	2 784 626.76	216 585.92	6 432 149.47
54.99	314 331.66	16 616.58	645 490.15
60.57	4 461 062.81	248 238.43	10 056 912.80
59.61	339 276.52	19 016.66	720 814.84
55.55	121 244.08	6 675.95	272 672.34
52.93	373 513.64	20 463.90	1 304 230.23
53.58	95 020.16	5 618.40	390 176.79
54.97	456 373.73	24 050.09	1 173 461.47
52.53	115 774.26	7 072.41	240 209.17
56.71	464 786.46	26 887.60	1 429 405.79
58.04	65 147.36	3 506.34	226 718.65
54.19	**21 067 539.91**	**1 365 327.93**	**54 612 983.53**
56.41	7 667 509.72	423 373.42	19 986 590.06
55.28	7 202 633.34	486 611.58	18 421 639.18
52.65	5 212 657.57	395 901.31	14 143 700.46
52.58	961 107.41	58 164.72	2 034 226.84
49.26	23 631.87	1 276.91	26 826.98

5-2 全国星级饭店

地区	总计	国有企业	集体企业	股份合作企业	国有联营	集体联营	国有与集体联营	其他联营	国有独资公司	其他有限责任公司	股份有限公司	私营独资
总计	**10 550**	**2 426**	**331**	**262**	**15**	**19**	**8**	**25**	**323**	**597**	**651**	**1 955**
北京	509	0	0	0	0	0	0	0	0	0	0	0
天津	87	1	0	0	0	0	0	0	1	0	5	0
河北	377	130	11	11	0	0	1	0	0	36	23	56
山西	196	70	6	9	0	0	1	0	1	16	20	21
内蒙古	278	60	8	6	1	0	0	2	1	14	15	77
辽宁	382	95	16	5	1	1	1	2	4	26	22	86
吉林	164	55	13	3	0	2	0	1	0	2	6	30
黑龙江	206	69	4	7	1	0	0	0	0	13	15	56
上海	228	78	12	2	0	0	1	0	20	0	10	11
江苏	608	109	17	12	0	0	0	0	248	0	41	137
浙江	688	96	34	29	0	2	1	5	3	46	69	69
安徽	339	85	8	11	0	0	0	0	1	35	24	54
福建	352	86	10	6	0	0	0	1	1	26	16	34
江西	311	85	5	8	0	1	0	0	0	12	26	44
山东	650	204	37	22	0	3	0	5	0	52	70	77
河南	303	85	24	13	1	0	0	0	0	28	22	37
湖北	361	102	7	9	2	0	0	1	3	23	18	64
湖南	429	90	7	23	1	0	0	1	0	9	46	112
广东	735	102	20	6	2	2	0	1	20	28	25	89
广西	400	79	8	7	3	1	0	2	2	17	20	121
海南	123	31	0	5	1	1	0	0	1	24	3	14
重庆	212	53	8	5	0	0	0	0	1	16	9	37
四川	395	96	5	5	0	0	0	0	4	69	32	66
贵州	298	59	1	6	1	0	0	0	2	14	20	109
云南	614	117	26	12	0	3	0	3	1	16	27	278
西藏	55	20	3	0	0	2	0	0	0	1	2	10
陕西	353	114	11	23	0	1	0	0	4	31	19	35
甘肃	296	93	14	4	0	0	3	1	1	15	16	66
青海	158	25	5	3	0	0	0	0	0	4	8	56
宁夏	86	12	2	5	0	0	0	0	2	6	6	16
新疆	357	125	9	5	1	0	0	0	2	18	16	93

的注册登记类型

单位：家

私营合伙	私营有限责任公司	私营股份有限公司	其他	与港澳台商合资经营	与港澳台商合作经营	港澳台商独资	港澳台商投资股份有限公司	中外合资经营	中外合作经营	外资企业	外商投资股份有限公司
357	**1 981**	**237**	**980**	**66**	**22**	**73**	**19**	**88**	**22**	**73**	**20**
0	0	0	508	1	0	0	0	0	0	0	0
0	0	0	77	0	0	0	0	0	0	3	0
2	86	9	4	3	0	0	1	2	0	1	1
3	39	4	4	2	0	0	0	0	0	0	0
4	79	4	5	0	0	1	0	0	0	0	1
4	73	9	2	5	2	4	0	15	1	6	2
1	36	3	10	1	0	0	0	0	0	1	0
1	35	2	0	1	0	0	0	0	0	1	1
0	31	3	54	0	0	0	0	0	1	5	0
0	0	0	12	5	0	8	0	11	2	4	2
67	212	13	10	2	0	5	9	8	0	4	4
6	92	13	2	1	0	3	1	1	0	2	0
24	88	11	4	8	0	12	1	12	4	8	0
16	86	18	1	1	0	2	1	2	0	1	2
5	141	9	6	5	0	4	0	9	0	0	1
6	60	9	13	1	1	0	0	2	1	0	0
24	71	9	12	1	2	4	0	2	0	5	2
23	69	31	6	2	0	2	2	2	0	3	0
41	128	14	189	10	14	17	1	7	8	11	0
30	85	14	5	1	0	5	0	0	0	0	0
1	19	4	4	5	2	1	0	3	0	4	0
16	54	7	0	3	0	0	0	0	0	2	1
12	72	14	9	1	0	1	2	1	1	3	2
13	64	5	0	1	0	1	0	1	0	1	0
16	78	11	11	4	0	0	1	3	1	5	1
3	9	1	2	0	0	0	0	0	0	2	0
12	60	6	24	2	1	2	0	4	3	1	0
2	69	9	1	0	0	1	0	1	0	0	0
9	46	0	2	0	0	0	0	0	0	0	0
4	30	1	1	0	0	0	0	1	0	0	0
12	69	4	2	0	0	0	0	1	0	0	0

5-3 全国星级饭店的地区分布

地区	饭店数（家）	客房数（间/套）	床位数（张）	客房出租率（%）	营业收入（万元）	营业税金及附加（万元）	固定资产原价（万元）
总计	**10 550**	**1 462 454**	**2 593 585**	**54.19**	**21 067 539.91**	**1 365 327.93**	**54 612 983.53**
北京	509	105 241	172 916	61.42	2 718 959.54	149 768.98	6 897 459.09
天津	87	16 059	25 027	51.09	236 918.06	12 921.59	527 357.27
河北	377	54 573	94 078	43.15	525 441.34	31 896.30	1 872 608.95
山西	196	23 695	41 001	47.29	223 064.75	23 347.06	897 698.70
内蒙古	278	30 063	53 252	43.60	276 282.49	14 367.52	1 008 598.76
辽宁	382	54 736	118 938	47.31	574 172.12	32 508.04	2 041 520.07
吉林	164	19 350	54 716	44.87	172 369.18	11 184.49	553 315.71
黑龙江	206	21 463	38 295	44.73	198 873.08	9 642.48	584 942.82
上海	228	57 885	87 113	65.80	1 924 654.47	105 403.66	3 415 077.58
江苏	608	87 187	137 777	58.09	1 656 937.07	89 327.85	3 274 941.79
浙江	688	104 391	193 765	54.95	2 004 114.03	109 200.57	4 515 495.09
安徽	339	45 966	79 281	49.10	502 514.60	27 169.42	1 392 989.21
福建	352	55 479	87 374	57.86	900 053.58	151 237.07	1 457 415.42
江西	311	40 735	69 521	53.12	359 110.32	57 013.29	792 205.91
山东	650	86 371	163 097	53.59	1 155 884.40	61 132.07	3 057 816.09
河南	303	37 669	67 324	51.23	369 486.10	21 195.05	839 406.10
湖北	361	44 563	77 191	54.87	464 838.01	23 090.00	1 258 240.89
湖南	429	53 203	91 087	63.86	644 405.86	67 543.15	1 513 938.47
广东	735	123 109	194 528	54.64	2 112 835.11	117 443.12	7 455 876.07
广西	400	49 954	88 280	54.14	395 642.22	28 348.93	963 551.92
海南	123	25 528	43 170	56.22	436 362.24	22 957.43	1 002 222.59
重庆	212	29 109	48 155	55.97	429 615.22	22 786.34	985 171.55
四川	395	54 451	90 187	56.76	709 880.33	41 053.01	1 991 305.52
贵州	298	29 698	50 489	54.98	255 303.52	15 440.67	606 278.04
云南	614	60 942	122 676	53.46	453703.68	27 439.51	1 820 499.11
西藏	55	6 413	11 380	44.90	51 309.16	3 108.83	281 770.42
陕西	353	44 770	115 415	56.75	496 681.48	24 358.38	1 276 331.40
甘肃	296	31 474	55 971	47.25	261 727.95	12 339.65	684 596.26
青海	158	14 235	25 929	40.18	95 634.03	12 631.85	239 783.23
宁夏	86	9 080	15 317	43.83	78 181.04	5 063.89	406 212.92
新疆	357	45 062	80 335	48.23	382 584.94	34 407.73	998 356.58

5-4 全国星级饭店的星级构成

单位：家

地　区	星级饭店总　数	五星级	四星级	三星级	二星级	一星级
总　计	**10 550**	**789**	**2 375**	**5 098**	**2 197**	**91**
北　京	509	59	125	187	128	10
天　津	87	15	34	31	7	0
河　北	377	20	126	179	50	2
山　西	196	14	43	102	37	0
内蒙古	278	9	36	111	122	0
辽　宁	382	27	78	194	80	3
吉　林	164	3	43	81	37	0
黑龙江	206	6	49	113	37	1
上　海	228	65	66	68	28	1
江　苏	608	85	167	259	97	0
浙　江	688	78	166	292	144	8
安　徽	339	23	106	153	56	1
福　建	352	48	124	160	19	1
江　西	311	14	94	173	30	0
山　东	650	29	151	391	79	0
河　南	303	12	51	179	60	1
湖　北	361	19	76	153	109	4
湖　南	429	16	58	218	133	4
广　东	735	97	151	414	71	2
广　西	400	11	67	232	89	1
海　南	123	24	39	51	6	3
重　庆	212	26	51	107	28	0
四　川	395	26	103	159	104	3
贵　州	298	6	59	130	89	14
云　南	614	20	73	229	268	24
西　藏	55	1	22	15	17	0
陕　西	353	16	45	218	74	0
甘　肃	296	3	58	154	75	6
青　海	158	2	28	71	56	1
宁　夏	86	0	31	49	6	0
新　疆	357	15	55	225	61	1

5-5 全国星级饭店的营业收入总额

单位：万元

地　区	营业收入		
		#客房	#餐饮
总　计	**21 067 539.91**	**9 350 475.32**	**8 702 528.39**
北　京	2 718 959.54	1 288 175.58	799 341.35
天　津	236 918.06	112 160.15	92 095.40
河　北	525 441.34	201 571.61	245 412.29
山　西	223 064.75	89 275.63	104 597.04
内蒙古	276 282.49	106 164.46	141 305.78
辽　宁	574 172.12	246 141.93	245 255.84
吉　林	172 369.18	80 511.78	77 294.33
黑龙江	198 873.08	101 493.23	71 823.70
上　海	1 924 654.47	950 655.44	677 421.35
江　苏	1 656 937.07	604 428.43	909 707.76
浙　江	2 004 114.03	745 431.52	967 978.48
安　徽	502 514.60	211 549.56	250 084.17
福　建	900 053.58	396 229.77	405 238.29
江　西	359 110.32	175 870.19	147 537.18
山　东	1 155 884.40	440 468.68	580 146.53
河　南	369 486.10	147 803.43	154 019.74
湖　北	464 838.01	223 607.07	191 555.58
湖　南	644 405.86	278 153.17	274 179.29
广　东	2 112 835.11	939 892.04	883 752.88
广　西	395 642.22	190 388.27	152 500.11
海　南	436 362.24	257 202.74	118 931.24
重　庆	429 615.22	189 660.12	161 595.09
四　川	709 880.33	333 185.48	250 576.69
贵　州	255 303.52	145 658.47	85 938.03
云　南	453 703.68	264 609.69	139 198.49
西　藏	51 309.16	28 897.55	10 995.36
陕　西	496 681.48	226 100.01	231 300.31
甘　肃	261 727.95	115 246.83	106 525.22
青　海	95 634.03	49 505.13	33 297.80
宁　夏	78 181.04	30 676.47	41 066.80
新　疆	382 584.94	179 760.90	151 856.27

5-6　全国星级饭店的营业收入构成

地　区	营业收入（万元）	#客房（%）	#餐饮（%）
总　计	**21 067 539.91**	**44.38**	**41.31**
北　京	2 718 959.54	47.38	29.40
天　津	236 918.06	47.34	38.87
河　北	525 441.34	38.36	46.71
山　西	223 064.75	40.02	46.89
内蒙古	276 282.49	38.43	51.15
辽　宁	574 172.12	42.87	42.71
吉　林	172 369.18	46.71	44.84
黑龙江	198 873.08	51.03	36.12
上　海	1 924 654.47	49.39	35.20
江　苏	1 656 937.07	36.48	54.90
浙　江	2 004 114.03	37.20	48.30
安　徽	502 514.60	42.10	49.77
福　建	900 053.58	44.02	45.02
江　西	359 110.32	48.97	41.08
山　东	1 155 884.40	38.11	50.19
河　南	369 486.10	40.00	41.68
湖　北	464 838.01	48.10	41.21
湖　南	644 405.86	43.16	42.55
广　东	2 112 835.11	44.48	41.83
广　西	395 642.22	48.12	38.54
海　南	436 362.24	58.94	27.26
重　庆	429 615.22	44.15	37.61
四　川	709 880.33	46.94	35.30
贵　州	255 303.52	57.05	33.66
云　南	453 703.68	58.32	30.68
西　藏	51 309.16	56.32	21.43
陕　西	496 681.48	45.52	46.57
甘　肃	261 727.95	44.03	40.70
青　海	95 634.03	51.77	34.82
宁　夏	78 181.04	39.24	52.53
新　疆	382 584.94	46.99	39.69

5-7 全国星级饭店每间客房的收益

地区	饭店数（家）	饭店规模		客房出租率（%）	每间客房年收入（万元）
		客房数（间/套）	床位数（张）		
总计	**10 550**	**1 462 454**	**2 593 585**	**54.19**	**14.41**
北京	509	105 241	172 916	61.42	25.84
天津	87	16 059	25 027	51.09	14.75
河北	377	54 573	94 078	43.15	9.63
山西	196	23 695	41 001	47.29	9.41
内蒙古	278	30 063	53 252	43.60	9.19
辽宁	382	54 736	118 938	47.31	10.49
吉林	164	19 350	54 716	44.87	8.91
黑龙江	206	21 463	38 295	44.73	9.27
上海	228	57 885	87 113	65.80	33.25
江苏	608	87 187	137 777	58.09	19.00
浙江	688	104 391	193 765	54.95	19.20
安徽	339	45 966	79 281	49.10	10.93
福建	352	55 479	87 374	57.86	16.22
江西	311	40 735	69 521	53.12	8.82
山东	650	86 371	163 097	53.59	13.38
河南	303	37 669	67 324	51.23	9.81
湖北	361	44 563	77 191	54.87	10.43
湖南	429	53 203	91 087	63.86	12.11
广东	735	123 109	194 528	54.64	17.16
广西	400	49 954	88 280	54.14	7.92
海南	123	25 528	43 170	56.22	17.09
重庆	212	29 109	48 155	55.97	14.76
四川	395	54 451	90 187	56.76	13.04
贵州	298	29 698	50 489	54.98	8.60
云南	614	60 942	122 676	53.46	7.44
西藏	55	6 413	11 380	44.90	8.00
陕西	353	44 770	115 415	56.75	11.09
甘肃	296	31 474	55 971	47.25	8.32
青海	158	14 235	25 929	40.18	6.72
宁夏	86	9 080	15 317	43.83	8.61
新疆	357	45 062	80 335	48.23	8.49

5-8 全国星级饭店的人均效益

地　区	全员劳动生产率（万元/人）	人均实现利润（万元/人）	人均占用固定资产原价（万元/人）	年末从业人员（人）
总　计	**15.67**	**-0.11**	**40.62**	**1 344 503**
北　京	27.33	0.75	69.32	99 502
天　津	17.94	-2.45	39.94	13 205
河　北	11.10	-2.50	39.56	47 330
山　西	9.10	-1.92	36.61	24 521
内蒙古	11.39	-1.53	41.58	24 256
辽　宁	14.54	-2.01	51.70	39 490
吉　林	11.90	-1.48	38.21	14 480
黑龙江	14.36	-0.43	42.23	13 852
上　海	35.69	4.18	63.32	53 930
江　苏	19.56	-0.32	38.65	84 728
浙　江	20.39	-0.80	45.94	98 288
安　徽	11.77	-0.63	32.62	42 706
福　建	16.10	-0.17	26.08	55 890
江　西	13.50	0.09	29.78	26 598
山　东	13.82	-0.73	36.56	83 645
河　南	10.85	-1.11	24.64	34 066
湖　北	9.95	-0.34	26.93	46 727
湖　南	12.77	-0.42	30.00	50 472
广　东	15.95	2.00	56.28	132 474
广　西	5.74	-0.35	13.97	68 957
海　南	20.42	1.10	46.90	21 369
重　庆	15.06	-0.74	34.54	28 524
四　川	14.39	-0.28	40.37	49 329
贵　州	12.10	-0.02	28.73	21 104
云　南	8.94	0.02	35.86	50 767
西　藏	7.00	-0.18	38.47	7 325
陕　西	10.53	-0.46	27.05	47 189
甘　肃	11.97	0.07	31.30	21 869
青　海	12.07	0.20	30.26	7 924
宁　夏	12.06	-1.15	62.67	6 482
新　疆	13.91	-1.01	36.30	27 504

六、全国五星级饭店综合资料

6-1 全国五星级饭店

饭店注册登记类型	饭店数（家）	客房数（间/套）	床位数（张）
合　计	**789**	**269 119**	**398 767**
国有企业	141	47 373	71 337
集体企业	8	2 811	4 449
股份合作企业	8	2 700	4 187
国有联营	1	195	375
集体联营	—	—	—
国有与集体联营	—	—	—
其他联营	4	1 091	1 498
国有独资公司	45	14 594	20 825
其他有限责任公司	62	22 689	33 540
股份有限公司	41	12 889	20 499
私营独资	71	21 478	31 718
私营合伙	14	4 704	6 431
私营有限责任公司	113	36 171	55 648
私营股份有限公司	18	6 033	10 731
其他	131	50 771	72 296
与港澳台商合资经营	20	6 946	9 799
与港澳台商合作经营	6	1 947	2 579
港澳台商独资	24	8 944	12 998
港澳台商投资股份有限公司	7	2 366	3 323
中外合资经营	27	9 188	13 227
中外合作经营	6	2 099	3 053
外资企业	37	12 524	18 028
外商投资股份有限公司	5	1 606	2 226

综合情况

客　房 出租率 （%）	营业收入 （万元）	营业税金 及 附 加 （万元）	固定资产 原　　价 （万元）
56.41	**7 667 509.72**	**423 373.42**	**19 986 590.06**
55.75	1 279 180.15	68 394.90	4 303 751.90
52.01	63 871.84	3 684.56	184 697.59
61.19	49 725.44	2 294.55	259 221.79
48.84	2 767.80	155.00	16 966.90
—	—	—	—
—	—	—	—
55.44	20 470.72	1 129.92	33 658.97
58.65	391 618.77	21 971.04	966 783.57
49.67	542 701.11	30 471.61	1 552 761.49
53.18	322 350.40	18 683.80	984 083.42
54.85	474 927.58	26 926.05	813 014.46
60.29	142 172.89	8 445.85	279 020.98
49.91	734 133.04	38 922.67	1 893 875.63
57.20	106 288.65	6 320.64	199 509.20
65.24	2 137 497.12	119 307.62	4 690 924.03
62.00	225 951.51	12 668.38	451 735.81
49.05	54 278.27	2 867.00	44 552.28
50.92	255 336.93	14 104.29	976 464.98
55.27	69 383.07	3 865.90	254 279.65
58.16	300 073.65	15 476.49	684 210.14
53.04	50 817.84	2 959.95	96 740.10
56.04	391 397.75	21 880.05	1 106 905.50
59.55	52 565.21	2 843.15	193 431.69

6-2 全国五星级饭店

地　区	总计	国有企业	集体企业	股份合作企业	国有联营	集体联营	国有与集体联营	其他联营	国有独资公司	其他有限责任公司	股份有限公司	私营独资
总　计	**789**	**141**	**8**	**8**	**1**	**0**	**0**	**4**	**45**	**62**	**41**	**71**
北　京	59	0	0	0	0	0	0	0	0	0	0	0
天　津	15	0	0	0	0	0	0	0	0	0	3	0
河　北	20	4	0	0	0	0	0	0	0	2	0	4
山　西	14	3	1	0	0	0	0	0	0	2	1	1
内蒙古	9	3	0	0	0	0	0	0	0	2	0	0
辽　宁	27	3	0	0	0	0	0	0	0	5	3	5
吉　林	3	0	0	0	0	0	0	1	0	0	0	0
黑龙江	6	0	0	0	0	0	0	0	0	1	0	2
上　海	65	17	2	0	0	0	0	0	5	0	1	4
江　苏	85	16	2	1	0	0	0	0	34	0	4	11
浙　江	78	11	0	2	0	0	0	3	0	4	6	7
安　徽	23	8	0	0	0	0	0	0	0	3	4	1
福　建	48	8	0	0	0	0	0	0	0	3	2	3
江　西	14	5	0	0	0	0	0	0	0	1	0	3
山　东	29	9	1	0	0	0	0	0	0	3	3	2
河　南	12	2	0	1	1	0	0	0	0	2	2	0
湖　北	19	4	1	1	0	0	0	0	0	1	1	5
湖　南	16	5	0	1	0	0	0	0	0	2	3	1
广　东	97	6	0	0	0	0	0	0	4	7	1	5
广　西	11	1	0	1	0	0	0	0	0	3	0	2
海　南	24	6	0	0	0	0	0	0	1	6	0	1
重　庆	26	3	0	0	0	0	0	0	0	2	2	6
四　川	26	7	0	0	0	0	0	0	0	6	1	1
贵　州	6	4	0	0	0	0	0	0	0	0	1	0
云　南	20	4	0	0	0	0	0	0	0	2	3	4
西　藏	1	0	0	0	0	0	0	0	0	0	0	0
陕　西	16	3	0	1	0	0	0	0	0	2	0	2
甘　肃	3	2	0	0	0	0	0	0	0	0	0	0
青　海	2	1	0	0	0	0	0	0	0	0	0	0
宁　夏	0	0	0	0	0	0	0	0	0	0	0	0
新　疆	15	6	1	0	0	0	0	0	1	3	0	1

的注册登记类型

单位：家

私营合伙	私营有限责任公司	私营股份有限公司	其他	与港澳台商合资经营	与港澳台商合作经营	港澳台商独资	港澳台商投资股份有限公司	中外合资经营	中外合作经营	外资企业	外商投资股份有限公司
14	**113**	**18**	**131**	**20**	**6**	**24**	**7**	**27**	**6**	**37**	**5**
0	0	0	58	1	0	0	0	0	0	0	0
0	0	0	12	0	0	0	0	0	0	0	0
0	8	1	0	0	0	0	0	1	0	0	0
0	5	0	0	1	0	0	0	0	0	0	0
0	2	0	0	0	0	1	0	0	0	0	1
0	3	1	0	2	1	1	0	1	0	2	0
0	0	0	1	0	0	0	0	0	0	1	0
0	1	1	0	0	0	0	0	0	0	1	0
0	6	1	24	0	0	0	0	0	0	5	0
0	0	0	2	3	0	4	0	4	0	3	1
4	18	1	5	1	0	4	4	6	0	1	1
0	2	3	0	0	0	1	0	0	0	1	0
3	10	3	1	3	0	3	0	2	3	4	0
0	4	0	0	0	0	0	1	0	0	0	0
0	4	1	1	2	0	1	0	2	0	0	0
0	1	0	1	1	1	0	0	0	0	0	0
0	2	0	0	0	1	1	0	1	0	1	0
0	3	1	0	0	0	0	0	0	0	0	0
5	18	2	26	0	3	4	1	4	2	9	0
0	1	1	0	0	0	2	0	0	0	0	0
0	1	1	0	3	0	0	0	2	0	3	0
1	6	1	0	2	0	0	0	0	0	2	1
1	6	0	0	0	0	1	1	0	0	1	1
0	1	0	0	0	0	0	0	0	0	0	0
0	5	0	0	1	0	0	0	0	0	1	0
0	0	0	0	0	0	0	0	0	0	1	0
0	2	0	0	0	0	1	0	3	1	1	0
0	1	0	0	0	0	0	0	0	0	0	0
0	1	0	0	0	0	0	0	0	0	0	0
0	0	0	0	0	0	0	0	0	0	0	0
0	2	0	0	0	0	0	0	1	0	0	0

6-3 全国五星级饭店的地区分布

地　区	饭店数（家）	客房数（间/套）	床位数（张）	客　房出租率（%）	营业收入（万元）	营业税金及附加（万元）	固定资产原　价（万元）
总　计	**789**	**269 119**	**398 767**	**56.41**	**7 667 509.72**	**423 373.42**	**19 986 590.06**
北　京	59	27 317	38 699	65.62	1 124 251.60	62 301.40	2 971 243.30
天　津	15	1 765	2 892	56.10	84 519.23	1 564.55	180 869.81
河　北	20	6 805	9 978	48.96	128 772.47	7 512.66	661 916.82
山　西	14	3 807	5 978	33.37	39 762.64	2 205.34	242 191.22
内蒙古	9	3 523	5 265	47.94	66 103.23	3 681.11	337 790.66
辽　宁	27	9 527	13 037	50.58	194 504.19	11 242.49	682 214.69
吉　林	3	1 083	1 476	64.59	29 218.53	1 535.39	100 239.97
黑龙江	6	1 441	2 149	51.95	45 788.14	1 972.68	60 505.10
上　海	65	27 119	37 834	65.44	1 228 496.17	71 277.02	2 144 408.25
江　苏	85	26 087	36 983	57.44	662 629.04	36 640.62	1 587 981.59
浙　江	78	24 293	36 749	54.84	713 938.20	38 041.98	1 889 933.48
安　徽	23	7 501	11 827	46.69	118 211.05	6 768.29	431 911.41
福　建	48	15 067	21 043	61.88	395 338.16	24 394.68	673 526.84
江　西	14	4 053	5 971	56.32	73 458.12	3 693.72	221 185.60
山　东	29	9 185	14 307	51.10	247 080.50	13 245.63	995 073.26
河　南	12	2 894	4 452	51.63	52 927.00	2 864.90	162 919.90
湖　北	19	6 213	9 117	54.26	116 815.17	5 905.59	389 433.12
湖　南	16	6 087	10 116	61.39	151 781.77	7 998.62	511 930.08
广　东	97	34 973	51 706	52.09	1 032 787.04	57 513.07	2 329 246.87
广　西	11	3 706	6 188	48.34	71 817.40	3 749.64	281 136.70
海　南	24	8 993	14 259	60.01	300 500.87	15 520.27	648 026.82
重　庆	26	7 563	12 231	53.13	160 563.23	8 825.71	493 491.27
四　川	26	9 263	14 185	49.03	212 853.31	11 773.01	695 780.08
贵　州	6	1 982	2 835	59.88	46 234.77	2 530.79	96 990.74
云　南	20	6 847	11 218	58.06	122 204.47	7 502.77	442 803.50
西　藏	1	162	206	42.05	5 014.60	301.90	0.10
陕　西	16	6 407	9 268	58.71	139 553.06	7 158.10	413 984.83
甘　肃	3	750	1 187	47.55	9 530.81	498.14	57 670.00
青　海	2	707	1 064	39.06	14 657.61	876.09	33 204.59
宁　夏	0	—	—	—	—	—	—
新　疆	15	3 999	6 547	54.67	78 197.36	4 277.28	248 979.48

6-4　全国五星级饭店的营业收入总额

单位：万元

地　区	营业收入		
		#客房	#餐饮
总　计	**7 667 509.72**	**3 554 660.91**	**3 157 744.86**
北　京	1 124 251.60	518 905.10	369 419.10
天　津	84 519.23	44 033.26	34 637.84
河　北	128 772.47	49 869.40	60 032.96
山　西	39 762.64	16 022.27	18 112.37
内蒙古	66 103.23	26 524.98	32 687.24
辽　宁	194 504.19	82 653.96	84 179.17
吉　林	29 218.53	13 943.87	12 114.73
黑龙江	45 788.14	22 924.73	17 344.29
上　海	1 228 496.17	625 156.33	469 604.17
江　苏	662 629.04	277 181.12	337 537.83
浙　江	713 938.20	265 903.98	366 170.71
安　徽	118 211.05	51 703.53	57 320.53
福　建	395 338.16	181 487.44	178 987.03
江　西	73 458.12	33 277.57	34 452.55
山　东	247 080.50	109 214.13	108 671.04
河　南	52 927.00	24 962.30	21 147.50
湖　北	116 815.17	59 774.57	44 292.06
湖　南	151 781.77	59 821.47	68 346.65
广　东	1 032 787.04	462 500.03	439 632.26
广　西	71 817.40	32 206.86	28 800.59
海　南	300 500.87	194 142.49	87 219.57
重　庆	160 563.23	76 506.01	62 993.73
四　川	212 853.31	106 790.27	63 204.53
贵　州	46 234.77	23 292.84	19 254.17
云　南	122 204.47	73 139.32	40 370.23
西　藏	5 014.60	3 333.50	1 480.90
陕　西	139 553.06	71 649.48	59 956.02
甘　肃	9 530.81	6 567.59	2 658.97
青　海	14 657.61	8 007.16	5 509.74
宁　夏	—	—	—
新　疆	78 197.36	33 165.36	31 606.38

6-5 全国五星级饭店的营业收入构成

地　区	营业收入（万元）	#客房（%）	#餐饮（%）
总　计	**7 667 509.72**	**46.36**	**41.18**
北　京	1 124 251.60	46.16	32.86
天　津	84 519.23	52.10	40.98
河　北	128 772.47	38.73	46.62
山　西	39 762.64	40.29	45.55
内蒙古	66 103.23	40.13	49.45
辽　宁	194 504.19	42.49	43.28
吉　林	29 218.53	47.72	41.46
黑龙江	45 788.14	50.07	37.88
上　海	1 228 496.17	50.89	38.23
江　苏	662 629.04	41.83	50.94
浙　江	713 938.20	37.24	51.29
安　徽	118 211.05	43.74	48.49
福　建	395 338.16	45.91	45.27
江　西	73 458.12	45.30	46.90
山　东	247 080.50	44.20	43.98
河　南	52 927.00	47.16	39.96
湖　北	116 815.17	51.17	37.92
湖　南	151 781.77	39.41	45.03
广　东	1 032 787.04	44.78	42.57
广　西	71 817.40	44.85	40.10
海　南	300 500.87	64.61	29.02
重　庆	160 563.23	47.65	39.23
四　川	212 853.31	50.17	29.69
贵　州	46 234.77	50.38	41.64
云　南	122 204.47	59.85	33.03
西　藏	5 014.60	66.48	29.53
陕　西	139 553.06	51.34	42.96
甘　肃	9 530.81	68.91	27.90
青　海	14 657.61	54.63	37.59
宁　夏	—	—	—
新　疆	78 197.36	42.41	40.42

6–6 全国五星级饭店每间客房的收益

地 区	饭店数（家）	饭店规模		客 房出租率（%）	每间客房年收入（万元）
		客房数（间/套）	床位数（张）		
总 计	**789**	**269 119**	**398767**	**56.41**	**28.49**
北 京	59	27 317	38 699	65.62	41.16
天 津	15	1 765	2 892	56.10	47.89
河 北	20	6 805	9 978	48.96	18.92
山 西	14	3 807	5 978	33.37	10.44
内蒙古	9	3 523	5 265	47.94	18.76
辽 宁	27	9 527	13 037	50.58	20.42
吉 林	3	1 083	1 476	64.59	26.98
黑龙江	6	1 441	2 149	51.95	31.78
上 海	65	27 119	37 834	65.44	45.30
江 苏	85	26 087	36 983	57.44	25.40
浙 江	78	24 293	36 749	54.84	29.39
安 徽	23	7 501	11 827	46.69	15.76
福 建	48	15 067	21 043	61.88	26.24
江 西	14	4 053	5 971	56.32	18.12
山 东	29	9 185	14 307	51.10	26.90
河 南	12	2 894	4 452	51.63	18.29
湖 北	19	6 213	9 117	54.26	18.80
湖 南	16	6 087	10 116	61.39	24.94
广 东	97	34 973	51 706	52.09	29.53
广 西	11	3 706	6 188	48.34	19.38
海 南	24	8 993	14 259	60.01	33.41
重 庆	26	7 563	12 231	53.13	21.23
四 川	26	9 263	14 185	49.03	22.98
贵 州	6	1 982	2 835	59.88	23.33
云 南	20	6 847	11 218	58.06	17.85
西 藏	1	162	206	42.05	30.95
陕 西	16	6 407	9 268	58.71	21.78
甘 肃	3	750	1 187	47.55	12.71
青 海	2	707	1 064	39.06	20.73
宁 夏	0	—	—	—	—
新 疆	15	3 999	6 547	54.67	19.55

6-7 全国五星级饭店的人均效益

地 区	全员劳动生产率（万元/人）	人均实现利润（万元/人）	人均占用固定资产原价（万元/人）	年末从业人员（人）
总 计	**24.95**	**0.62**	**65.03**	**307 357**
北 京	38.37	2.12	101.40	29 302
天 津	40.30	-2.48	86.25	2 097
河 北	15.54	-5.71	79.88	8 286
山 西	8.75	-2.97	53.32	4 542
内蒙古	17.73	-4.45	90.61	3 728
辽 宁	20.29	-3.07	71.18	9 585
吉 林	28.34	-0.12	97.23	1 031
黑龙江	29.03	5.24	38.37	1 577
上 海	43.02	7.07	75.09	28 558
江 苏	23.69	0.36	56.77	27 970
浙 江	24.78	-0.76	65.60	28 810
安 徽	16.87	-1.65	61.63	7 008
福 建	22.01	0.16	37.51	17 958
江 西	16.81	1.06	50.60	4 371
山 东	22.22	-0.36	89.48	11 121
河 南	14.54	-1.68	44.75	3 641
湖 北	19.42	-0.87	64.73	6 016
湖 南	19.96	0.26	67.31	7 605
广 东	22.86	1.41	51.55	45 187
广 西	17.43	-1.28	68.22	4 121
海 南	26.65	2.29	57.47	11 276
重 庆	15.85	-1.39	48.72	10 129
四 川	20.03	-0.29	65.46	10 629
贵 州	20.24	1.18	42.47	2 284
云 南	15.15	-0.43	54.90	8 066
西 藏	26.82	3.22	0.00	187
陕 西	21.26	-0.03	63.06	6 565
甘 肃	26.85	-2.17	162.45	355
青 海	16.20	-0.51	36.69	905
宁 夏	—	—	—	—
新 疆	17.58	-1.39	55.99	4 447

七、全国四星级饭店综合资料

7-1 全国四星级饭店

饭店注册登记类型	饭店数（家）	客房数（间/套）	床位数（张）
合　计	**2 375**	**470 600**	**789 962**
国有企业	565	115 548	195 880
集体企业	38	6 317	10 704
股份合作企业	66	11 718	23 690
国有联营	2	395	809
集体联营	2	310	484
国有与集体联营	1	151	290
其他联营	4	715	1 206
国有独资公司	113	22 754	34 719
其他有限责任公司	182	36 889	59 479
股份有限公司	180	36 650	72 522
私营独资	227	37 715	61 338
私营合伙	43	8 265	14 404
私营有限责任公司	534	93 321	156 517
私营股份有限公司	61	12 628	20 459
其他	228	58 389	92 424
与港澳台商合资经营	21	4 455	6 837
与港澳台商合作经营	8	2 919	4 491
港澳台商独资	31	7 324	11 711
港澳台商投资股份有限公司	8	1 116	1 687
中外合资经营	34	7 497	11 772
中外合作经营	8	1 786	2 935
外资企业	17	3 477	5 200
外商投资股份有限公司	2	261	404

综合情况

客房出租率（%）	营业收入（万元）	营业税金及附加（万元）	固定资产原价（万元）
55.28	**7 202 633.34**	**486 611.58**	**18 421 639.18**
55.88	2 070 140.32	115 512.25	5 708 374.98
58.44	96 157.97	5 235.53	249 566.05
52.49	153 512.38	8 831.61	313 788.72
59.09	3 333.80	186.70	30 609.50
43.48	3 471.80	202.80	4 836.90
24.07	1 879.82	108.01	27 719.55
57.54	5 176.81	323.28	20 081.53
60.51	422 726.63	23 254.03	755 905.71
51.99	450 603.19	107 797.80	1 143 166.70
53.63	493 766.56	28 038.61	1 105 092.03
51.69	386 356.29	25 586.74	1 101 733.30
51.04	103 544.76	5 229.33	225 366.59
52.89	1 116 131.82	60 353.14	2 515 203.38
53.80	120 425.66	6 563.61	283 779.21
61.63	1 290 420.46	70 817.77	3 359 186.82
59.55	79 801.79	4 515.95	189 461.23
60.89	48 162.07	2 752.80	206 430.41
54.85	97 568.79	5 161.69	277 896.35
56.31	22 962.23	1 600.77	131 074.01
51.26	126 635.58	6 993.83	397 303.26
53.78	52 175.76	3 326.38	108 193.36
60.14	55 704.36	4 116.95	263 720.89
64.38	1 974.50	102.00	3 148.70

7-2 全国四星级饭店

地　区	总计	国有企业	集体企业	股份合作企业	国有联营	集体联营	国有与集体联营	其他联营	国有独资公司	其他有限责任公司	股份有限公司	私营独资
总　计	**2375**	**565**	**38**	**66**	**2**	**2**	**1**	**4**	**113**	**182**	**180**	**227**
北　京	125	0	0	0	0	0	0	0	0	0	0	0
天　津	34	0	0	0	0	0	0	0	1	0	2	0
河　北	126	34	1	5	0	0	0	0	0	14	9	16
山　西	43	9	2	3	0	0	0	0	0	5	7	6
内蒙古	36	11	0	1	0	0	0	0	1	2	1	5
辽　宁	78	13	1	1	0	0	0	1	1	8	4	10
吉　林	43	13	0	1	0	1	0	0	0	1	4	6
黑龙江	49	23	1	1	0	0	0	0	0	4	5	6
上　海	66	23	0	1	0	0	1	0	11	0	4	2
江　苏	167	36	1	3	0	0	0	0	87	0	8	19
浙　江	166	22	7	10	0	0	0	1	1	15	26	8
安　徽	106	30	1	5	0	0	0	0	0	14	8	12
福　建	124	28	2	3	0	0	0	0	0	10	7	13
江　西	94	20	2	1	0	0	0	0	0	7	5	10
山　东	151	61	5	4	0	1	0	0	0	13	21	3
河　南	51	19	1	4	0	0	0	0	0	4	3	3
湖　北	76	22	1	1	0	0	0	1	2	3	5	8
湖　南	58	18	2	0	1	0	0	0	0	3	11	6
广　东	151	18	3	1	0	0	0	0	4	10	7	9
广　西	67	11	0	1	0	0	0	1	1	2	6	12
海　南	39	9	0	3	1	0	0	0	0	10	2	3
重　庆	51	15	2	2	0	0	0	0	0	5	2	6
四　川	103	21	0	2	0	0	0	0	1	20	5	12
贵　州	59	8	0	4	0	0	0	0	2	7	5	8
云　南	73	24	1	2	0	0	0	0	0	4	6	14
西　藏	22	9	1	0	0	0	0	0	0	0	1	4
陕　西	45	15	0	2	0	0	0	0	0	9	0	2
甘　肃	58	22	2	0	0	0	0	0	0	6	2	5
青　海	28	6	1	1	0	0	0	0	0	2	6	4
宁　夏	31	4	0	2	0	0	0	0	1	2	3	4
新　疆	55	21	1	2	0	0	0	0	0	2	5	11

的注册登记类型

单位：家

私营合伙	私营有限责任公司	私营股份有限公司	其他	与港澳台商合资经营	与港澳台商合作经营	港澳台商独资	港澳台商投资股份有限公司	中外合资经营	中外合作经营	外资企业	外商投资股份有限公司
43	**534**	**61**	**228**	**21**	**8**	**31**	**8**	**34**	**8**	**17**	**2**
0	0	0	125	0	0	0	0	0	0	0	0
0	0	0	30	0	0	0	0	0	0	1	0
2	38	3	0	3	0	0	1	0	0	0	0
0	11	0	0	0	0	0	0	0	0	0	0
0	14	1	0	0	0	0	0	0	0	0	0
0	19	3	1	2	1	2	0	8	1	2	0
1	10	3	2	1	0	0	0	0	0	0	0
0	8	0	0	1	0	0	0	0	0	0	0
0	5	1	17	0	0	0	0	0	1	0	0
0	0	0	0	1	0	4	0	6	1	1	0
7	58	2	1	1	0	1	4	1	0	1	0
0	31	3	0	0	0	0	0	1	0	1	0
4	36	5	1	0	0	7	1	4	1	2	0
3	35	5	1	0	0	2	0	1	0	1	1
1	34	3	0	2	0	1	0	2	0	0	0
1	9	2	3	0	0	0	0	1	1	0	0
3	21	1	2	1	1	2	0	0	0	1	1
1	7	4	1	1	0	0	0	2	0	1	0
7	33	3	36	4	4	8	0	2	1	1	0
3	24	3	0	1	0	2	0	0	0	0	0
0	6	2	0	1	1	0	0	1	0	0	0
0	18	1	0	0	0	0	0	0	0	0	0
2	23	8	4	0	0	0	1	1	1	2	0
1	21	1	0	0	0	0	0	1	0	1	0
0	14	2	2	1	0	0	1	1	0	1	0
2	3	1	0	0	0	0	0	0	0	1	0
1	9	1	2	1	1	1	0	0	1	0	0
1	16	2	0	0	0	1	0	1	0	0	0
2	6	0	0	0	0	0	0	0	0	0	0
0	13	1	0	0	0	0	0	1	0	0	0
1	12	0	0	0	0	0	0	0	0	0	0

7-3 全国四星级饭店的地区分布

地　区	饭店数（家）	客房数（间/套）	床位数（张）	客　房出租率（%）	营业收入（万元）	营业税金及附加（万元）	固定资产原　价（万元）
总　计	**2 375**	**470 600**	**789 962**	**55.28**	**7 202 633.34**	**486 611.58**	**18 421 639.18**
北　京	125	35 412	57 346	62.76	891 031.10	49 357.60	2 512 056.60
天　津	34	6 749	10 001	54.36	101 449.39	6 306.65	240 597.65
河　北	126	21 333	37 141	44.42	235 905.34	15 528.05	717 484.49
山　西	43	6 747	11 155	44.96	70 350.04	3 735.13	367 755.71
内蒙古	36	6 447	10 749	46.75	79 442.98	4 120.24	292 073.69
辽　宁	78	15 533	22 761	48.74	199 222.55	11 678.74	838 915.81
吉　林	43	8 700	18 786	41.94	84 654.85	4 605.87	253 369.52
黑龙江	49	7 712	12 741	47.73	98 609.85	4 988.20	357 557.54
上　海	66	18 638	28 821	68.39	513 879.02	25 350.63	918 208.76
江　苏	167	31 048	48 627	57.92	566 172.40	30 174.08	1 168 721.12
浙　江	166	33 738	54 153	58.77	774 537.73	42 468.57	1 608 536.03
安　徽	106	19 516	33 705	49.45	238 565.36	13 013.05	590 254.96
福　建	124	21 843	34 256	57.05	317 925.62	99 034.59	545 483.15
江　西	94	16 068	27 209	53.92	156 043.28	7 606.77	346 263.05
山　东	151	28 542	56 710	53.91	465 519.28	24 484.69	1 178 683.01
河　南	51	10 038	17 169	47.87	119 972.29	8 139.33	293 422.33
湖　北	76	14 589	26 201	55.41	170 310.02	9 229.62	484 068.17
湖　南	58	14 606	24 187	63.51	211 089.07	10 329.41	487 487.28
广　东	151	32 954	51 365	55.84	534 135.59	30 588.71	1 105 778.85
广　西	67	14 392	23 424	58.22	156 980.78	7 907.82	372 027.95
海　南	39	9 398	16 266	55.69	106 118.45	5 413.52	275 452.18
重　庆	51	9 177	14 885	60.59	138 651.55	7 628.40	282 050.25
四　川	103	18 924	30 895	58.00	242 652.32	15 661.04	820 710.59
贵　州	59	10 675	17 478	59.11	116 791.33	7 152.64	213 972.77
云　南	73	13 610	23 818	58.22	137 607.80	8 136.32	553 606.15
西　藏	22	3 897	6 729	43.24	31 985.39	1 789.99	215 351.44
陕　西	45	10 314	21 203	55.41	141 980.20	8 178.11	526 846.31
甘　肃	58	9 502	16 316	46.21	91 184.38	4 859.02	292 278.89
青　海	28	4 316	7 618	42.89	43 494.74	10 134.64	79 540.67
宁　夏	31	4 646	7 509	44.60	47 461.67	2 560.89	161 884.23
新　疆	55	115 36	20 738	50.63	118 908.98	6 449.26	321 200.03

7-4 全国四星级饭店的营业收入总额

单位：万元

地 区	营业收入	#客房	#餐饮
总 计	**7 202 633.34**	**3 121 215.76**	**2 937 545.03**
北 京	891 031.10	429 891.70	246 329.20
天 津	101 449.39	49 015.45	38 919.93
河 北	235 905.34	89 318.90	101 323.46
山 西	70 350.04	26 160.61	34 826.23
内蒙古	79 442.98	31 171.90	41 464.15
辽 宁	199 222.55	85 780.18	89 680.17
吉 林	84 654.85	39 885.96	37 402.12
黑龙江	98 609.85	45 661.33	37 608.33
上 海	513 879.02	238 594.15	152 095.21
江 苏	566 172.40	202 001.48	315 030.77
浙 江	774 537.73	274 902.09	361 452.68
安 徽	238 565.36	105 340.60	114 885.99
福 建	317 925.62	141 868.72	142 331.53
江 西	156 043.28	79 434.23	61 446.54
山 东	465 519.28	171 305.65	234 150.68
河 南	119 972.29	46 390.44	43 414.35
湖 北	170 310.02	81 897.67	65 176.02
湖 南	211 089.07	88 203.87	83 109.12
广 东	534 135.59	231 162.39	227 352.99
广 西	156 980.78	70 613.75	61 128.86
海 南	106 118.45	46 258.38	21 902.06
重 庆	138 651.55	65 662.29	54 758.04
四 川	242 652.32	117 514.14	88 230.58
贵 州	116 791.33	66 985.84	38 163.89
云 南	137 607.80	77 492.52	43 094.03
西 藏	31 985.39	17 607.49	8 074.00
陕 西	141 980.20	66 439.41	64 849.14
甘 肃	91 184.38	45 902.78	36 799.72
青 海	43 494.74	20 263.59	19 948.36
宁 夏	47 461.67	18 345.19	24 461.53
新 疆	118 908.98	50 143.07	48 135.38

7–5　全国四星级饭店的营业收入构成

地　区	营业收入（万元）	#客房（%）	#餐饮（%）
总　计	**7 202 633.34**	**43.33**	**40.78**
北　京	891 031.10	48.25	27.65
天　津	101 449.39	48.32	38.36
河　北	235 905.34	37.86	42.95
山　西	70 350.04	37.19	49.50
内蒙古	79 442.98	39.24	52.19
辽　宁	199 222.55	43.06	45.02
吉　林	84 654.85	47.12	44.18
黑龙江	98 609.85	46.31	38.14
上　海	513 879.02	46.43	29.60
江　苏	566 172.40	35.68	55.64
浙　江	774 537.73	35.49	46.67
安　徽	238 565.36	44.16	48.16
福　建	317 925.62	44.62	44.77
江　西	156 043.28	50.91	39.38
山　东	465 519.28	36.80	50.30
河　南	119 972.29	38.67	36.19
湖　北	170 310.02	48.09	38.27
湖　南	211 089.07	41.79	39.37
广　东	534 135.59	43.28	42.56
广　西	156 980.78	44.98	38.94
海　南	106 118.45	43.59	20.64
重　庆	138 651.55	47.36	39.49
四　川	242 652.32	48.43	36.36
贵　州	116 791.33	57.36	32.68
云　南	137 607.80	56.31	31.32
西　藏	31 985.39	55.05	25.24
陕　西	141 980.20	46.79	45.67
甘　肃	91 184.38	50.34	40.36
青　海	43 494.74	46.59	45.86
宁　夏	47 461.67	38.65	51.54
新　疆	118 908.98	42.17	40.48

7–6 全国四星级饭店每间客房的收益

地　区	饭店数（家）	饭店规模		客　房出租率（%）	每间客房年收入（万元）
		客房数（间/套）	床位数（张）		
总　计	**2 375**	**470 600**	**789 962**	**55.28**	**15.31**
北　京	125	35 412	57 346	62.76	25.16
天　津	34	6 749	10 001	54.36	15.03
河　北	126	21 333	37 141	44.42	11.06
山　西	43	6 747	11 155	44.96	10.43
内蒙古	36	6 447	10 749	46.75	12.32
辽　宁	78	15 533	22 761	48.74	12.83
吉　林	43	8 700	18 786	41.94	9.73
黑龙江	49	7 712	12 741	47.73	12.79
上　海	66	18 638	28 821	68.39	27.57
江　苏	167	31 048	48 627	57.92	18.24
浙　江	166	33 738	54 153	58.77	22.96
安　徽	106	19 516	33 705	49.45	12.22
福　建	124	21 843	34 256	57.05	14.56
江　西	94	16 068	27 209	53.92	9.71
山　东	151	28 542	56 710	53.91	16.31
河　南	51	10 038	17 169	47.87	11.95
湖　北	76	14 589	26 201	55.41	11.67
湖　南	58	14 606	24 187	63.51	14.45
广　东	151	32 954	51 365	55.84	16.21
广　西	67	14 392	23 424	58.22	10.91
海　南	39	9 398	16 266	55.69	11.29
重　庆	51	9 177	14 885	60.59	15.11
四　川	103	18 924	30 895	58.00	12.82
贵　州	59	10 675	17 478	59.11	10.94
云　南	73	13 610	23 818	58.22	10.11
西　藏	22	3 897	6 729	43.24	8.21
陕　西	45	10 314	21 203	55.41	13.77
甘　肃	58	9 502	16 316	46.21	9.60
青　海	28	4 316	7 618	42.89	10.08
宁　夏	31	4 646	7 509	44.60	10.22
新　疆	55	11 536	20 738	50.63	10.31

7-7 全国四星级饭店的人均效益

地 区	全员劳动生产率（万元/人）	人均实现利润（万元/人）	人均占用固定资产原价（万元/人）	年末从业人员（人）
总 计	**15.59**	**–0.71**	**39.87**	**462 019**
北 京	25.18	0.13	70.99	35 386
天 津	17.82	–3.43	42.27	5 692
河 北	11.25	–2.26	34.22	20 964
山 西	9.23	–2.28	48.26	7 621
内蒙古	13.55	–2.11	49.81	5 864
辽 宁	14.81	–2.02	62.36	13 452
吉 林	11.82	–2.01	35.38	7 162
黑龙江	15.31	–2.17	55.52	6 440
上 海	30.35	1.69	54.23	16 932
江 苏	18.08	–0.89	37.32	31 318
浙 江	21.53	–0.75	44.70	35 982
安 徽	14.02	–0.69	34.69	17 013
福 建	13.29	–0.46	22.79	23 930
江 西	13.62	–0.52	30.21	11 461
山 东	14.79	–1.12	37.46	31 469
河 南	12.27	–2.01	30.01	9 777
湖 北	14.26	–1.02	40.52	11 946
湖 南	14.43	–1.46	33.32	14 629
广 东	11.99	1.12	24.82	44 556
广 西	13.54	–1.21	32.09	11 593
海 南	16.12	0.06	41.84	6 584
重 庆	15.33	–0.54	31.19	9 043
四 川	12.32	–0.97	41.66	19 698
贵 州	14.30	–1.04	26.19	8 170
云 南	9.02	–0.20	36.28	15 258
西 藏	5.31	–0.64	35.75	6 023
陕 西	12.32	–1.31	45.70	11 528
甘 肃	11.92	–0.20	38.20	7 651
青 海	12.82	–0.46	23.44	3 393
宁 夏	13.43	–1.66	45.81	3 534
新 疆	14.96	–1.20	40.40	7 950

八、全国三星级饭店综合资料

8-1 全国三星级饭店

饭店注册登记类型	饭店数（家）	客房数（间/套）	床位数（张）
合　计	**5 098**	**571 493**	**1 057 034**
国有企业	1 189	141 819	255 461
集体企业	174	18 362	38 646
股份合作企业	136	13 700	24 151
国有联营	8	581	989
集体联营	10	834	1 409
国有与集体联营	4	386	716
其他联营	10	921	1 704
国有独资公司	128	13 142	22 676
其他有限责任公司	291	36 300	61 784
股份有限公司	323	37 304	70 083
私营独资	961	89 289	173 703
私营合伙	192	19 037	32 596
私营有限责任公司	1 012	110 525	209 305
私营股份有限公司	122	12 657	22 277
其他	430	62 962	118 912
与港澳台商合资经营	24	3 118	5 345
与港澳台商合作经营	6	1 001	1 446
港澳台商独资	18	2 125	3 497
港澳台商投资股份有限公司	4	450	856
中外合资经营	25	3 004	5 307
中外合作经营	7	746	1 267
外资企业	15	2 013	2 963
外商投资股份有限公司	9	1 217	1 941

综合情况

客　房 出租率 （%）	营业收入 （万元）	营业税金 及 附 加 （万元）	固定资产 原　　价 （万元）
52.65	**5 212 657.57**	**395 901.31**	**14 143 700.46**
52.55	1 429 654.54	76 785.29	6 326 374.33
53.59	189 288.89	11 079.16	441 567.94
53.87	100 130.70	5 604.37	345 635.85
61.75	4 963.09	193.93	11 536.12
65.19	6 342.10	317.10	20 525.38
70.71	6 598.62	342.73	7 532.89
55.69	8 363.31	470.53	28 999.13
57.38	177 660.84	9 807.18	282 925.86
51.00	337 686.28	17 158.10	557 560.68
51.29	307 189.00	16 384.87	738 776.02
49.66	606 873.98	66 304.22	1 218 589.12
54.86	159 288.54	21 411.78	234 320.46
51.66	829 762.91	111 902.57	1 629 887.41
54.49	74 700.22	3 216.98	139 001.95
56.94	834 178.64	47 197.64	1 810 429.35
53.58	33 467.93	1 832.32	79 362.80
53.30	15 490.60	871.00	18 491.86
55.18	20 607.93	1 197.92	49 868.90
40.29	2 674.86	151.73	4 823.14
56.56	28 206.69	1 497.27	78 503.77
48.69	12 697.36	781.59	33 917.91
55.28	16 825.00	872.21	58 340.70
54.82	10 005.52	520.81	26 728.89

8-2 全国三星级饭店

地　区	总计	国有企业	集体企业	股份合作企业	国有联营	集体联营	国有与集体联营	其他联营	国有独资公司	其他有限责任公司	股份有限公司	私营独资
总　计	5 098	1 189	174	136	8	10	4	10	128	291	323	961
北　京	187	0	0	0	0	0	0	0	0	0	0	0
天　津	31	1	0	0	0	0	0	0	0	0	0	0
河　北	179	62	8	5	0	0	1	0	0	18	12	26
山　西	102	40	3	4	0	0	1	0	1	7	9	8
内蒙古	111	26	3	2	1	0	0	1	0	7	10	21
辽　宁	194	59	8	2	0	1	1	1	1	8	9	52
吉　林	81	27	8	2	0	0	0	0	0	0	2	15
黑龙江	113	33	2	6	1	0	0	0	0	6	9	33
上　海	68	29	8	0	0	0	0	0	4	0	2	3
江　苏	259	49	7	8	0	0	0	0	96	0	20	71
浙　江	292	45	17	8	0	2	1	1	1	20	31	30
安　徽	153	31	3	5	0	0	0	0	1	16	7	25
福　建	160	38	6	3	0	0	0	1	0	12	7	14
江　西	173	49	1	5	0	0	0	0	0	4	17	28
山　东	391	117	24	14	0	2	0	4	0	32	36	51
河　南	179	43	12	6	0	0	0	0	0	20	12	31
湖　北	153	41	3	5	2	0	0	0	1	16	5	23
湖　南	218	46	2	14	0	0	0	0	0	4	24	48
广　东	414	55	12	4	1	1	0	0	10	11	16	63
广　西	232	45	3	3	3	0	0	0	1	9	10	73
海　南	51	15	0	2	0	1	0	0	0	7	0	7
重　庆	107	27	5	2	0	0	0	0	1	8	5	17
四　川	159	41	3	1	0	0	0	0	3	31	16	24
贵　州	130	26	1	2	0	0	0	0	0	3	12	49
云　南	229	49	8	5	0	0	0	1	1	9	11	85
西　藏	15	4	0	0	0	2	0	0	0	1	1	2
陕　西	218	59	8	18	0	1	0	0	4	16	17	25
甘　肃	154	35	10	2	0	0	0	1	1	9	11	39
青　海	71	12	2	2	0	0	0	0	0	2	0	28
宁　夏	49	8	2	3	0	0	0	0	1	3	3	8
新　疆	225	77	5	3	0	0	0	0	1	12	9	62

的注册登记类型

单位：家

私营合伙	私营有限责任公司	私营股份有限公司	其他	与港澳台商合资经营	与港澳台商合作经营	港澳台商独资	港澳台商投资股份有限公司	中外合资经营	中外合作经营	外资企业	外商投资股份有限公司
192	1 012	122	430	24	6	18	4	25	7	15	9
0	0	0	187	0	0	0	0	0	0	0	0
0	0	0	28	0	0	0	0	0	0	2	0
0	35	5	4	0	0	0	0	1	0	1	1
1	20	4	3	1	0	0	0	0	0	0	0
2	35	1	2	0	0	0	0	0	0	0	0
1	36	5	1	1	0	1	0	5	0	1	1
0	21	0	6	0	0	0	0	0	0	0	0
0	22	1	0	0	0	0	0	0	0	0	0
0	10	0	12	0	0	0	0	0	0	0	0
0	0	0	4	1	0	0	0	1	1	0	1
24	98	5	2	0	0	0	1	1	0	2	3
5	49	6	1	1	0	2	1	0	0	0	0
17	42	3	2	5	0	2	0	6	0	2	0
13	43	10	0	1	0	0	0	1	0	0	1
4	90	4	4	1	0	2	0	5	0	0	1
4	36	5	9	0	0	0	0	1	0	0	0
8	32	7	6	0	0	1	0	0	0	3	0
11	37	21	4	1	0	2	2	0	0	2	0
27	68	9	113	6	6	5	0	1	5	1	0
21	49	10	4	0	0	1	0	0	0	0	0
1	12	1	3	1	0	1	0	0	0	0	0
12	26	3	0	1	0	0	0	0	0	0	0
4	29	3	3	1	0	0	0	0	0	0	0
7	26	2	0	1	0	1	0	0	0	0	0
8	35	5	7	1	0	0	0	2	0	1	1
0	3	0	2	0	0	0	0	0	0	0	0
6	40	3	18	1	0	0	0	1	1	0	0
0	39	6	1	0	0	0	0	0	0	0	0
5	19	0	1	0	0	0	0	0	0	0	0
4	16	0	1	0	0	0	0	0	0	0	0
7	44	3	2	0	0	0	0	0	0	0	0

8-3 全国三星级饭店的地区分布

地　区	饭店数（家）	客房数（间/套）	床位数（张）	客　房出租率（%）	营业收入（万元）	营业税金及附加（万元）	固定资产原　价（万元）
总　计	**5 098**	**571 493**	**1 057 034**	**52.65**	**5 212 657.57**	**395 901.31**	**14 143 700.46**
北　京	187	31 292	56 203	57.68	533 094.60	28 949.40	1 254 439.30
天　津	31	6 021	9 010	50.12	46 511.05	4 402.44	94 959.51
河　北	179	22 561	39 187	40.12	136 684.91	7 542.93	450 752.66
山　西	102	10 791	19 428	53.49	100 146.44	16 647.50	264 084.01
内蒙古	111	12 509	22 585	41.16	92 946.14	5 172.60	228 146.66
辽　宁	194	23 899	57 508	45.44	152 016.95	8 124.81	452 596.67
吉　林	81	7 263	13 375	46.89	49 570.17	4 587.09	172 866.41
黑龙江	113	9 941	18 767	43.67	49 371.68	2 448.52	141 866.85
上　海	68	9 652	16 308	60.98	156 695.93	7 447.76	317 208.36
江　苏	259	24 375	42 157	58.74	364 395.41	18 923.06	464 917.65
浙　江	292	35 653	82 944	53.51	437 994.39	24 851.56	909 153.91
安　徽	153	15 187	26 970	50.08	117 652.42	5 950.46	235 124.43
福　建	160	16 745	28 896	55.54	173 364.15	27 180.00	220 308.22
江　西	173	18 461	32 365	51.87	120 201.66	45 470.53	210 124.20
山　东	391	43 809	83 325	53.78	408 681.28	21 379.52	826 068.74
河　南	179	20 237	37 004	51.72	172 057.02	8 965.12	338 039.38
湖　北	153	16 747	29 374	54.33	141 802.68	6 408.75	308 304.80
湖　南	218	24 267	42 304	65.09	233 769.64	46 560.09	420 085.46
广　东	414	49 780	81 986	55.36	498 679.09	26 626.93	3 861 317.58
广　西	232	25 203	44 519	53.82	136 412.39	7 144.33	259 620.91
海　南	51	6 536	11 533	50.90	28 599.31	1 939.95	75 493.41
重　庆	107	10 559	17 852	53.87	117 784.14	5 612.74	187 087.65
四　川	159	18 507	31 768	57.91	194 667.92	10 587.66	377 824.91
贵　州	130	12 265	21 829	49.77	66 852.35	3 819.22	212 170.33
云　南	229	23 783	43 343	51.53	139 856.76	8 447.26	484 375.88
西　藏	15	1 239	2 350	36.47	7 165.82	441.16	43 557.10
陕　西	218	22 940	51 981	55.06	179 003.92	8 165.77	302 739.80
甘　肃	154	16 395	29 470	47.73	136 447.03	5 527.30	296 509.20
青　海	71	6 095	11 197	38.60	27 108.13	1 191.70	109 739.68
宁　夏	49	4 116	7 304	43.02	30 334.19	2 491.45	243 443.29
新　疆	225	24 665	44 192	47.16	162 790.02	22 893.69	380 773.50

8-4　全国三星级饭店的营业收入总额

单位：万元

地　区	营业收入		
		#客房	#餐饮
总　计	**5 212 657.57**	**2 201 266.90**	**2 242 624.05**
北　京	533 094.60	245 676.30	145 478.20
天　津	46 511.05	16 606.94	16 957.94
河　北	136 684.91	56 225.13	68 991.89
山　西	100 146.44	40 983.70	45 732.25
内蒙古	92 946.14	33 752.79	46 988.80
辽　宁	152 016.95	61 849.15	62 842.43
吉　林	49 570.17	22 252.09	23 574.91
黑龙江	49 371.68	28 907.25	16 059.20
上　海	156 695.93	72 002.57	49 367.37
江　苏	364 395.41	104 958.01	221 466.15
浙　江	437 994.39	170 476.09	212 238.23
安　徽	117 652.42	44 993.64	62 420.89
福　建	173 364.15	68 347.44	75 538.48
江　西	120 201.66	57 947.14	48 461.48
山　东	408 681.28	146 430.56	218 645.74
河　南	172 057.02	66 973.19	77 184.92
湖　北	141 802.68	62 917.97	68 491.66
湖　南	233 769.64	104 057.57	105 202.17
广　东	498 679.09	221 906.75	206 451.93
广　西	136 412.39	71 677.83	52 468.28
海　南	28 599.31	15 864.17	9 808.21
重　庆	117 784.14	43 060.00	37 005.11
四　川	194 667.92	84 794.94	73 289.72
贵　州	66 852.35	40 729.23	20 372.23
云　南	139 856.76	80 706.82	41 926.17
西　藏	7 165.82	3 753.79	743.64
陕　西	179 003.92	74 556.31	87 672.53
甘　肃	136 447.03	51 844.40	55 363.50
青　海	27 108.13	16 103.34	7 425.73
宁　夏	30 334.19	11 950.91	16 600.47
新　疆	162 790.02	78 960.89	67 853.82

8-5 全国三星级饭店的营业收入构成

地　区	营业收入（万元）		
		#客房（%）	#餐饮（%）
总　计	**5 212 657.57**	**42.23**	**43.02**
北　京	533 094.60	46.08	27.29
天　津	46 511.05	35.71	36.46
河　北	136 684.91	41.13	50.48
山　西	100 146.44	40.92	45.67
内蒙古	92 946.14	36.31	50.55
辽　宁	152 016.95	40.69	41.34
吉　林	49 570.17	44.89	47.56
黑龙江	49 371.68	58.55	32.53
上　海	156 695.93	45.95	31.51
江　苏	364 395.41	28.80	60.78
浙　江	437 994.39	38.92	48.46
安　徽	117 652.42	38.24	53.06
福　建	173 364.15	39.42	43.57
江　西	120 201.66	48.21	40.32
山　东	408 681.28	35.83	53.50
河　南	172 057.02	38.93	44.86
湖　北	141 802.68	44.37	48.30
湖　南	233 769.64	44.51	45.00
广　东	498 679.09	44.50	41.40
广　西	136 412.39	52.54	38.46
海　南	28 599.31	55.47	34.30
重　庆	117 784.14	36.56	31.42
四　川	194 667.92	43.56	37.65
贵　州	66 852.35	60.92	30.47
云　南	139 856.76	57.71	29.98
西　藏	7 165.82	52.38	10.38
陕　西	179 003.92	41.65	48.98
甘　肃	136 447.03	38.00	40.58
青　海	27 108.13	59.40	27.39
宁　夏	30 334.19	39.40	54.73
新　疆	162 790.02	48.50	41.68

8-6 全国三星级饭店每间客房的收益

地　区	饭店数（家）	饭店规模		客　房出租率（%）	每间客房年 收 入（万元）
		客房数（间/套）	床位数（张）		
总　计	**5 098**	**571 493**	**1 057 034**	**52.65**	**9.12**
北　京	187	31 292	56 203	57.68	17.04
天　津	31	6 021	9 010	50.12	7.72
河　北	179	22 561	39 187	40.12	6.06
山　西	102	10 791	19 428	53.49	9.28
内蒙古	111	12 509	22 585	41.16	7.43
辽　宁	194	23 899	57 508	45.44	6.36
吉　林	81	7 263	13 375	46.89	6.83
黑龙江	113	9 941	18 767	43.67	4.97
上　海	68	9 652	16 308	60.98	16.23
江　苏	259	24 375	42 157	58.74	14.95
浙　江	292	35 653	82 944	53.51	12.28
安　徽	153	15 187	26 970	50.08	7.75
福　建	160	16 745	28 896	55.54	10.35
江　西	173	18 461	32 365	51.87	6.51
山　东	391	43 809	83 325	53.78	9.33
河　南	179	20 237	37 004	51.72	8.50
湖　北	153	16 747	29 374	54.33	8.47
湖　南	218	24 267	42 304	65.09	9.63
广　东	414	49 780	81 986	55.36	10.02
广　西	232	25 203	44 519	53.82	5.41
海　南	51	6 536	11 533	50.90	4.38
重　庆	107	10 559	17 852	53.87	11.15
四　川	159	18 507	31 768	57.91	10.52
贵　州	130	12 265	21 829	49.77	5.45
云　南	229	23 783	43 343	51.53	5.88
西　藏	15	1 239	2 350	36.47	5.78
陕　西	218	22 940	51 981	55.06	7.80
甘　肃	154	16 395	29 470	47.73	8.32
青　海	71	6 095	11 197	38.60	4.45
宁　夏	49	4 116	7 304	43.02	7.37
新　疆	225	24 665	44 192	47.16	6.60

8–7 全国三星级饭店的人均效益

地 区	全员劳动生产率（万元/人）	人均实现利润（万元/人）	人均占用固定资产原价（万元/人）	年末从业人员（人）
总 计	**10.85**	**–0.09**	**29.43**	**480 645**
北 京	20.76	–0.51	48.86	25 675
天 津	10.40	–1.21	21.23	4 473
河 北	8.82	–1.48	29.10	15 492
山 西	9.58	–1.50	25.26	10 454
内蒙古	10.69	–1.17	26.24	8 693
辽 宁	11.54	–1.53	34.35	13 175
吉 林	9.86	–1.17	34.40	5 025
黑龙江	10.05	0.00	28.88	4 913
上 海	21.97	–0.86	44.47	7 133
江 苏	16.69	–0.44	21.30	21 832
浙 江	15.64	–0.95	32.47	28 004
安 徽	11.01	–0.22	22.00	10 686
福 建	13.28	–0.14	16.87	13 059
江 西	11.95	0.37	20.90	10 056
山 东	11.02	–0.58	22.28	37 080
河 南	9.68	–0.61	19.02	17 771
湖 北	5.66	0.12	12.31	25 053
湖 南	10.25	–0.25	18.42	22 807
广 东	12.52	3.44	96.92	39 840
广 西	2.70	–0.08	5.13	50 610
海 南	8.59	–0.82	22.66	3 331
重 庆	14.12	–0.32	22.43	8 341
四 川	13.65	0.41	26.50	14 260
贵 州	8.31	0.08	26.38	8 044
云 南	6.90	0.33	23.91	20 257
西 藏	12.25	1.41	74.46	585
陕 西	7.52	–0.25	12.71	23 819
甘 肃	12.59	0.40	27.36	10 838
青 海	9.67	0.12	39.16	2 802
宁 夏	10.57	–0.56	84.85	2 869
新 疆	11.91	–0.95	27.86	13 668

九、全国二星级饭店综合资料

9-1 全国二星级饭店

饭店注册登记类型	饭店数（家）	客房数（间/套）	床位数（张）
合　计	**2 197**	**146 882**	**340 141**
国有企业	513	38 115	94 633
集体企业	108	7 053	28 098
股份合作企业	51	3 691	6 490
国有联营	4	261	508
集体联营	7	481	915
国有与集体联营	3	179	339
其他联营	7	462	832
国有独资公司	36	2 231	4 156
其他有限责任公司	62	4 403	7 440
股份有限公司	104	7 885	13 973
私营独资	655	35 493	93 276
私营合伙	104	6 420	14 945
私营有限责任公司	314	21 722	40 801
私营股份有限公司	36	2 326	4 158
其他	180	15 155	27 797
与港澳台商合资经营	1	42	75
与港澳台商合作经营	2	135	222
港澳台商独资	—	—	—
港澳台商投资股份有限公司	—	—	—
中外合资经营	1	215	355
中外合作经营	1	52	90
外资企业	4	309	579
外商投资股份有限公司	4	252	459

综合情况

客　房 出租率 （%）	营业收入 （万元）	营业税金 及 附 加 （万元）	固定资产 原　　价 （万元）
52.58	**961 107.41**	**58 164.72**	**2 034 226.84**
51.93	250 437.39	13 363.18	599 997.37
56.31	41 427.45	2 106.88	63 235.85
53.74	19 295.24	927.16	40 173.38
52.82	876.56	62.13	1 574.62
55.44	1 914.09	102.49	2 481.63
49.67	1 295.30	85.40	1 129.50
60.49	3 475.88	185.28	8 614.53
60.32	31 098.49	1 795.56	17 495.06
51.79	38 915.18	1 898.84	73 925.72
55.42	49 563.87	2 572.37	66 664.01
50.08	162 375.28	16 300.79	466 833.76
53.80	45 337.81	2 028.48	64 598.08
51.27	103 024.14	5 304.79	390 633.69
57.67	12 917.13	515.36	23 199.80
55.78	192 991.38	10 596.61	195 469.80
59.37	55.30	0.00	255.00
57.90	3 313.14	185.14	3 197.79
—	—	—	—
—	—	—	—
31.42	1 249.00	71.00	9 541.40
48.08	83.30	4.50	1 357.80
58.56	859.35	18.39	438.69
56.70	602.13	40.39	3 409.37

9-2 全国二星级饭店

地区	总计	国有企业	集体企业	股份合作企业	国有联营	集体联营	国有与集体联营	其他联营	国有独资公司	其他有限责任公司	股份有限公司	私营独资
总　计	**2 197**	**513**	**108**	**51**	**4**	**7**	**3**	**7**	**36**	**62**	**104**	**655**
北　京	128	0	0	0	0	0	0	0	0	0	0	0
天　津	7	0	0	0	0	0	0	0	0	0	0	0
河　北	50	28	2	1	0	0	0	0	0	2	2	10
山　西	37	18	0	2	0	0	0	0	0	2	3	6
内蒙古	122	20	5	3	0	0	0	1	0	3	4	51
辽　宁	80	20	7	1	1	0	0	0	2	5	6	18
吉　林	37	15	5	0	0	1	0	0	0	1	0	9
黑龙江	37	13	1	0	0	0	0	0	0	2	1	15
上　海	28	9	2	1	0	0	0	0	0	0	3	2
江　苏	97	8	7	0	0	0	0	0	31	0	9	36
浙　江	144	17	10	9	0	0	0	0	0	7	5	24
安　徽	56	15	4	1	0	0	0	0	0	2	5	16
福　建	19	11	2	0	0	0	0	0	1	1	0	4
江　西	30	11	2	2	0	1	0	0	0	0	4	3
山　东	79	17	7	4	0	0	0	1	0	4	10	21
河　南	60	21	11	2	0	0	0	0	0	2	5	2
湖　北	109	32	2	2	0	0	0	0	0	3	7	27
湖　南	133	21	3	8	0	0	0	1	0	0	8	54
广　东	71	22	5	1	1	1	0	1	2	0	1	11
广　西	89	22	5	2	0	1	0	1	0	3	4	33
海　南	6	0	0	0	0	0	0	0	0	1	1	2
重　庆	28	8	1	1	0	0	0	0	0	1	0	8
四　川	104	27	2	2	0	0	0	0	0	12	10	26
贵　州	89	19	0	0	1	0	0	0	0	4	2	43
云　南	268	37	15	5	0	3	0	2	0	1	7	156
西　藏	17	7	2	0	0	0	0	0	0	0	0	4
陕　西	74	37	3	2	0	0	0	0	0	4	2	6
甘　肃	75	31	1	2	0	0	3	0	0	0	2	22
青　海	56	6	2	0	0	0	0	0	0	0	1	24
宁　夏	6	0	0	0	0	0	0	0	0	1	0	4
新　疆	61	21	2	0	1	0	0	0	0	1	2	18

的注册登记类型

单位：家

私营合伙	私营有限责任公司	私营股份有限公司	其他	与港澳台商合资经营	与港澳台商合作经营	港澳台商独资	港澳台商投资股份有限公司	中外合资经营	中外合作经营	外资企业	外商投资股份有限公司
104	**314**	**36**	**180**	**1**	**2**	**0**	**0**	**1**	**1**	**4**	**4**
0	0	0	128	0	0	0	0	0	0	0	0
0	0	0	7	0	0	0	0	0	0	0	0
0	5	0	0	0	0	0	0	0	0	0	0
2	3	0	1	0	0	0	0	0	0	0	0
2	28	2	3	0	0	0	0	0	0	0	0
3	15	0	0	0	0	0	0	0	0	1	1
0	5	0	1	0	0	0	0	0	0	0	0
1	3	0	0	0	0	0	0	0	0	0	1
0	9	1	1	0	0	0	0	0	0	0	0
0	0	0	6	0	0	0	0	0	0	0	0
31	34	5	2	0	0	0	0	0	0	0	0
1	10	1	1	0	0	0	0	0	0	0	0
0	0	0	0	0	0	0	0	0	0	0	0
0	4	3	0	0	0	0	0	0	0	0	0
0	13	1	1	0	0	0	0	0	0	0	0
1	14	2	0	0	0	0	0	0	0	0	0
13	16	1	4	0	0	0	0	1	0	0	1
11	21	5	1	0	0	0	0	0	0	0	0
2	9	0	14	0	1	0	0	0	0	0	0
6	11	0	1	0	0	0	0	0	0	0	0
0	0	0	0	0	1	0	0	0	0	1	0
3	4	2	0	0	0	0	0	0	0	0	0
5	14	3	2	0	0	0	0	0	0	0	1
3	15	2	0	0	0	0	0	0	0	0	0
8	24	4	2	1	0	0	0	0	1	2	0
1	3	0	0	0	0	0	0	0	0	0	0
5	9	2	4	0	0	0	0	0	0	0	0
0	13	1	0	0	0	0	0	0	0	0	0
2	20	0	1	0	0	0	0	0	0	0	0
0	1	0	0	0	0	0	0	0	0	0	0
4	11	1	0	0	0	0	0	0	0	0	0

9-3 全国二星级饭店的地区分布

地　区	饭店数（家）	客房数（间/套）	床位数（张）	客　房出租率（%）	营业收入（万元）	营业税金及附加（万元）	固定资产原　价（万元）
总　计	**2 197**	**146 882**	**340 141**	**52.58**	**961 107.41**	**58 164.72**	**2 034 226.84**
北　京	128	10 449	19 374	58.11	164 811.04	8 841.78	159 067.09
天　津	7	1 524	3 124	34.97	4 438.40	647.95	10 930.30
河　北	50	3 703	7 464	40.76	22 867.32	1 246.16	41 724.28
山　西	37	2 350	4 440	46.66	12 805.64	759.10	23 667.77
内蒙古	122	7 584	14 653	43.00	37 790.14	1 393.57	150 587.74
辽　宁	80	5 652	25 447	44.92	28 149.65	1 438.50	63 629.00
吉　林	37	2 304	21 079	39.83	8 925.63	456.15	26 839.81
黑龙江	37	2 305	4 528	33.55	4 850.41	218.28	24 582.93
上　海	28	2 428	4 053	69.44	25 252.70	1 310.11	35 003.84
江　苏	97	5 677	10 010	59.13	63 740.22	3 590.09	53 321.43
浙　江	144	10 356	19 306	48.21	75 857.67	3 751.27	106 127.25
安　徽	56	3 730	6 717	48.25	28 040.32	1 435.03	135 462.21
福　建	19	1 796	3 125	55.35	12 205.35	627.80	17 699.91
江　西	30	2 153	3 976	51.83	9 407.26	242.28	14 633.06
山　东	79	4 835	8 755	55.17	34 603.34	2 022.22	57 991.07
河　南	60	4 458	8 614	55.47	24 492.10	1 225.70	44 875.44
湖　北	109	6 805	12 069	56.11	34 579.54	1 511.05	74 843.41
湖　南	133	8 003	14 067	62.56	46 399.31	2 565.01	92 101.45
广　东	71	5 256	9 199	58.96	46 733.93	2 716.12	157 862.07
广　西	89	6 621	14 094	50.43	30 271.65	9 547.15	50 316.36
海　南	6	415	812	56.87	799.74	44.14	2 082.29
重　庆	28	1 810	3 187	57.74	12 616.30	719.49	22 542.38
四　川	104	7 590	13 050	61.75	59 007.20	3 010.95	95 551.75
贵　州	89	4 210	7 491	57.07	24 298.14	1 859.25	80 595.70
云　南	268	15 829	42 559	50.71	52 498.79	3 170.02	334 849.08
西　藏	17	1 115	2 095	57.81	7 143.35	575.78	22 861.78
陕　西	74	5 109	32 963	65.90	36 144.30	856.41	32 760.46
甘　肃	75	4 634	8 621	48.54	24 417.28	1 448.41	37 602.43
青　海	56	3 013	5 927	39.97	5 336.95	149.91	16 175.60
宁　夏	6	318	504	44.46	385.17	11.55	885.40
新　疆	61	4 850	8 838	42.87	22 238.59	773.50	47 053.57

9-4 全国二星级饭店的营业收入总额

单位：万元

地　区	营业收入	#客房	#餐饮
总　计	**961 107.41**	**463 719.07**	**356 449.09**
北　京	164 811.04	90 735.78	35 964.55
天　津	4 438.40	2 504.50	1 579.70
河　北	22 867.32	5 801.38	14 256.68
山　西	12 805.64	6 109.06	5 926.18
内蒙古	37 790.14	14 714.79	20 165.59
辽　宁	28 149.65	15 617.05	8 526.87
吉　林	8 925.63	4 429.86	4 202.57
黑龙江	4 850.41	3 849.32	709.48
上　海	25 252.70	14 751.59	6 181.75
江　苏	63 740.22	20 287.82	35 673.01
浙　江	75 857.67	33 699.23	26 853.82
安　徽	28 040.32	9 469.09	15 456.76
福　建	12 205.35	4 463.68	7 223.45
江　西	9 407.26	5 211.24	3 176.61
山　东	34 603.34	13 518.34	18 679.07
河　南	24 492.10	9 439.80	12 272.97
湖　北	34 579.54	18 119.35	13 191.73
湖　南	46 399.31	25 161.49	17 153.04
广　东	46 733.93	24 199.37	9 925.79
广　西	30 271.65	15 759.84	10 076.38
海　南	799.74	629.91	1.40
重　庆	12 616.30	4 431.83	6 838.21
四　川	59 007.20	23 939.85	25 431.56
贵　州	24 298.14	13 543.33	8 132.84
云　南	52 498.79	32 153.15	13 403.08
西　藏	7 143.35	4 202.77	696.83
陕　西	36 144.30	13 454.81	18 822.63
甘　肃	24 417.28	10 810.17	11 681.06
青　海	5 336.95	4 859.73	408.97
宁　夏	385.17	380.37	4.80
新　疆	22 238.59	17 470.58	3 831.69

9–5　全国二星级饭店的营业收入构成

地　区	营业收入（万元）	#客房（%）	#餐饮（%）
总　计	**961 107.41**	**48.25**	**37.09**
北　京	164 811.04	55.05	21.82
天　津	4 438.40	56.43	35.59
河　北	22 867.32	25.37	62.35
山　西	12 805.64	47.71	46.28
内蒙古	37 790.14	38.94	53.36
辽　宁	28 149.65	55.48	30.29
吉　林	8 925.63	49.63	47.08
黑龙江	4 850.41	79.36	14.63
上　海	25 252.70	58.42	24.48
江　苏	63 740.22	31.83	55.97
浙　江	75 857.67	44.42	35.40
安　徽	28 040.32	33.77	55.12
福　建	12 205.35	36.57	59.18
江　西	9 407.26	55.40	33.77
山　东	34 603.34	39.07	53.98
河　南	24 492.10	38.54	50.11
湖　北	34 579.54	52.40	38.15
湖　南	46 399.31	54.23	36.97
广　东	46 733.93	51.78	21.24
广　西	30 271.65	52.06	33.29
海　南	799.74	78.76	0.18
重　庆	12 616.30	35.13	54.20
四　川	59 007.20	40.57	43.10
贵　州	24 298.14	55.74	33.47
云　南	52 498.79	61.25	25.53
西　藏	7 143.35	58.83	9.75
陕　西	36 144.30	37.23	52.08
甘　肃	24 417.28	44.27	47.84
青　海	5 336.95	91.06	7.66
宁　夏	385.17	98.75	1.25
新　疆	22 238.59	78.56	17.23

9-6 全国二星级饭店每间客房的收益

地　区	饭店数（家）	饭店规模		客　房出租率（%）	每间客房年 收 入（万元）
		客房数（间/套）	床位数（张）		
总　计	**2 197**	**146 882**	**340 141**	**52.58**	**6.54**
北　京	128	10 449	19 374	58.11	15.77
天　津	7	1 524	3 124	34.97	2.91
河　北	50	3 703	7 464	40.76	6.18
山　西	37	2 350	4 440	46.66	5.45
内蒙古	122	7 584	14 653	43.00	4.98
辽　宁	80	5 652	25 447	44.92	4.98
吉　林	37	2 304	21 079	39.83	3.87
黑龙江	37	2 305	4 528	33.55	2.10
上　海	28	2 428	4 053	69.44	10.40
江　苏	97	5 677	10 010	59.13	11.23
浙　江	144	10 356	19 306	48.21	7.32
安　徽	56	3 730	6 717	48.25	7.52
福　建	19	1 796	3125	55.35	6.80
江　西	30	2 153	3976	51.83	4.37
山　东	79	4 835	8755	55.17	7.16
河　南	60	4 458	8614	55.47	5.49
湖　北	109	6 805	12 069	56.11	5.08
湖　南	133	8 003	14 067	62.56	5.80
广　东	71	5 256	9 199	58.96	8.89
广　西	89	6 621	14 094	50.43	4.57
海　南	6	415	812	56.87	1.93
重　庆	28	1 810	3 187	57.74	6.97
四　川	104	7 590	13 050	61.75	7.77
贵　州	89	4 210	7 491	57.07	5.77
云　南	268	15 829	42 559	50.71	3.32
西　藏	17	1 115	2 095	57.81	6.41
陕　西	74	5 109	32 963	65.90	7.07
甘　肃	75	4 634	8 621	48.54	5.27
青　海	56	3 013	5 927	39.97	1.77
宁　夏	6	318	504	44.46	1.21
新　疆	61	4 850	8 838	42.87	4.59

9-7 全国二星级饭店的人均效益

地　区	全员劳动生产率（万元/人）	人均实现利润（万元/人）	人均占用固定资产原价（万元/人）	年末从业人员（人）
总　计	**10.38**	**0.38**	**21.98**	**92 568**
北　京	18.79	2.37	18.14	8 771
天　津	4.71	-2.37	11.59	943
河　北	9.34	-0.37	17.04	2 449
山　西	6.73	-0.31	12.43	1 904
内蒙古	6.33	0.35	25.22	5 971
辽　宁	8.70	-0.62	19.66	3 237
吉　林	7.07	-0.84	21.27	1 262
黑龙江	5.45	-0.26	27.62	890
上　海	19.56	1.01	27.11	1 291
江　苏	17.67	-0.01	14.78	3 608
浙　江	14.32	-0.46	20.04	5 296
安　徽	3.51	-0.15	16.95	7 991
福　建	13.53	0.10	19.62	902
江　西	13.25	-0.15	20.61	710
山　东	8.71	-0.16	14.59	3 975
河　南	8.54	-0.46	15.65	2 867
湖　北	9.66	-0.46	20.91	3 580
湖　南	8.78	0.73	17.44	5 282
广　东	16.79	4.52	56.72	2 783
广　西	11.56	-0.23	19.22	2 618
海　南	6.61	-2.83	17.21	121
重　庆	12.48	0.63	22.30	1 011
四　川	12.65	0.48	20.48	4 665
贵　州	9.73	1.83	32.28	2 497
云　南	7.57	0.17	48.28	6 935
西　藏	13.48	2.16	43.14	530
陕　西	6.85	-0.14	6.21	5 277
甘　肃	8.22	-0.17	12.67	2 969
青　海	6.99	0.04	21.20	763
宁　夏	4.88	-0.44	11.21	79
新　疆	15.99	0.63	33.83	1 391

十、全国一星级饭店综合资料

10-1 全国一星级饭店

饭店注册登记类型	饭店数（家）	客房数（间/套）	床位数（张）
合　计	**91**	**4 360**	**7 681**
国有企业	18	770	1 475
集体企业	3	134	282
股份合作企业	1	41	89
国有联营	0	—	—
集体联营	0	—	—
国有与集体联营	0	—	—
其他联营	0	—	—
国有独资公司	1	65	125
其他有限责任公司	0	—	—
股份有限公司	3	188	274
私营独资	41	1 676	2 997
私营合伙	4	149	260
私营有限责任公司	8	428	723
私营股份有限公司	0	—	—
其他	11	837	1 384
与港澳台商合资经营	0	—	—
与港澳台商合作经营	0	—	—
港澳台商独资	0	—	—
港澳台商投资股份有限公司	0	—	—
中外合资经营	1	72	72
中外合作经营	—	—	—
外资企业	—	—	—
外商投资股份有限公司	—	—	—

综合情况

客房出租率（%）	营业收入（万元）	营业税金及附加（万元）	固定资产原价（万元）
49.26	**23 631.87**	**1 276.91**	**26 826.98**
37.74	4 260.23	129.16	5 832.35
30.02	497.80	31.40	1 182.69
68.29	60.00	.00	241.00
—	—	—	—
—	—	—	—
—	—	—	—
—	—	—	—
2.42	49.84	1.97	7.62
—	—	—	—
33.36	5 868.00	322.58	1 679.70
50.07	4 793.82	333.60	10 202.76
66.50	343.33	25.14	325.80
48.85	1 574.85	102.75	2 549.37
—	—	—	—
68.04	5 975.20	318.80	902.80
—	—	—	—
—	—	—	—
—	—	—	—
—	—	—	—
53.00	209.00	12.00	3 902.90
—	—	—	—
—	—	—	—
—	—	—	—

10-2 全国一星级饭店

地 区	总计	国有企业	集体企业	股份合作企业	国有联营	集体联营	国有与集体联营	其他联营	国有独资公司	其他有限责任公司	股份有限公司	私营独资
总 计	**91**	**18**	**3**	**1**	**0**	**0**	**0**	**0**	**1**	**0**	**3**	**41**
北 京	10	0	0	0	0	0	0	0	0	0	0	0
天 津	0	0	0	0	0	0	0	0	0	0	0	0
河 北	2	2	0	0	0	0	0	0	0	0	0	0
山 西	0	0	0	0	0	0	0	0	0	0	0	0
内蒙古	0	0	0	0	0	0	0	0	0	0	0	0
辽 宁	3	0	0	1	0	0	0	0	0	0	0	1
吉 林	0	0	0	0	0	0	0	0	0	0	0	0
黑龙江	1	0	0	0	0	0	0	0	0	0	0	0
上 海	1	0	0	0	0	0	0	0	0	0	0	0
江 苏	0	0	0	0	0	0	0	0	0	0	0	0
浙 江	8	1	0	0	0	0	0	0	1	0	1	0
安 徽	1	1	0	0	0	0	0	0	0	0	0	0
福 建	1	1	0	0	0	0	0	0	0	0	0	0
江 西	0	0	0	0	0	0	0	0	0	0	0	0
山 东	0	0	0	0	0	0	0	0	0	0	0	0
河 南	1	0	0	0	0	0	0	0	0	0	0	1
湖 北	4	3	0	0	0	0	0	0	0	0	0	1
湖 南	4	0	0	0	0	0	0	0	0	0	0	3
广 东	2	1	0	0	0	0	0	0	0	0	0	1
广 西	1	0	0	0	0	0	0	0	0	0	0	1
海 南	3	1	0	0	0	0	0	0	0	0	0	1
重 庆	0	0	0	0	0	0	0	0	0	0	0	0
四 川	3	0	0	0	0	0	0	0	0	0	0	3
贵 州	14	2	0	0	0	0	0	0	0	0	0	9
云 南	24	3	2	0	0	0	0	0	0	0	0	19
西 藏	0	0	0	0	0	0	0	0	0	0	0	0
陕 西	0	0	0	0	0	0	0	0	0	0	0	0
甘 肃	6	3	1	0	0	0	0	0	0	0	1	0
青 海	1	0	0	0	0	0	0	0	0	0	1	0
宁 夏	0	0	0	0	0	0	0	0	0	0	0	0
新 疆	1	0	0	0	0	0	0	0	0	0	0	1

的注册登记类型

单位：家

私营合伙	私营有限责任公司	私营股份有限公司	其他	与港澳台商合资经营	与港澳台商合作经营	港澳台商独资	港澳台商投资股份有限公司	中外合资经营	中外合作经营	外资企业	外商投资股份有限公司
4	**8**	**0**	**11**	**0**	**0**	**0**	**0**	**1**	**0**	**0**	**0**
0	0	0	10	0	0	0	0	0	0	0	0
0	0	0	0	0	0	0	0	0	0	0	0
0	0	0	0	0	0	0	0	0	0	0	0
0	0	0	0	0	0	0	0	0	0	0	0
0	0	0	0	0	0	0	0	0	0	0	0
0	0	0	0	0	0	0	0	1	0	0	0
0	0	0	0	0	0	0	0	0	0	0	0
0	1	0	0	0	0	0	0	0	0	0	0
0	1	0	0	0	0	0	0	0	0	0	0
0	0	0	0	0	0	0	0	0	0	0	0
1	4	0	0	0	0	0	0	0	0	0	0
0	0	0	0	0	0	0	0	0	0	0	0
0	0	0	0	0	0	0	0	0	0	0	0
0	0	0	0	0	0	0	0	0	0	0	0
0	0	0	0	0	0	0	0	0	0	0	0
0	0	0	0	0	0	0	0	0	0	0	0
0	0	0	0	0	0	0	0	0	0	0	0
0	1	0	0	0	0	0	0	0	0	0	0
0	0	0	0	0	0	0	0	0	0	0	0
0	0	0	0	0	0	0	0	0	0	0	0
0	0	0	1	0	0	0	0	0	0	0	0
0	0	0	0	0	0	0	0	0	0	0	0
0	0	0	0	0	0	0	0	0	0	0	0
2	1	0	0	0	0	0	0	0	0	0	0
0	0	0	0	0	0	0	0	0	0	0	0
0	0	0	0	0	0	0	0	0	0	0	0
0	0	0	0	0	0	0	0	0	0	0	0
1	0	0	0	0	0	0	0	0	0	0	0
0	0	0	0	0	0	0	0	0	0	0	0
0	0	0	0	0	0	0	0	0	0	0	0
0	0	0	0	0	0	0	0	0	0	0	0

10-3 全国一星级饭店的地区分布

地　区	饭店数（家）	客房数（间/套）	床位数（张）	客　房出租率（%）	营业收入（万元）	营业税金及附加（万元）	固定资产原　价（万元）
总　计	**91**	**4 360**	**7 681**	**49.26**	**23 631.87**	**1 276.91**	**26 826.98**
北　京	10	771	1 294	65.60	5 771.20	318.80	652.80
天　津	0	—	—	—	—	—	—
河　北	2	171	308	51.90	1 211.30	66.50	730.70
山　西	0	—	—	—	—	—	—
内蒙古	0	—	—	—	—	—	—
辽　宁	3	125	185	53.44	278.80	23.50	4 163.90
吉　林	0	—	—	—	—	—	—
黑龙江	1	64	110	60.00	253.00	14.80	430.40
上　海	1	48	97	54.92	330.65	18.14	248.37
江　苏	0	—	—	—	—	—	—
浙　江	8	351	613	35.78	1 786.05	87.19	1 744.42
安　徽	1	32	62	52.21	45.45	2.59	236.20
福　建	1	28	54	49.28	1 220.30	0.00	397.30
江　西	0	—	—	—	—	—	—
山　东	0	—	—	—	—	—	—
河　南	1	42	85	50.00	37.70	0.00	149.06
湖　北	4	209	430	34.17	1 330.60	35.00	1 591.40
湖　南	4	240	413	60.09	1 366.07	90.01	2 334.20
广　东	2	146	272	42.03	499.45	-1.70	1 670.70
广　西	1	32	55	55.12	160.00	0.00	450.00
海　南	3	186	300	57.94	343.86	39.56	1 167.90
重　庆	0	—	—	—	—	—	—
四　川	3	167	289	17.55	699.59	20.34	1 438.20
贵　州	14	566	856	57.51	1 126.93	78.77	2 548.50
云　南	24	873	1 738	45.96	1 535.87	183.13	4 864.50
西　藏	0	—	—	—	—	—	—
陕　西	0	—	—	—	—	—	—
甘　肃	6	193	377	29.24	148.45	6.78	535.74
青　海	1	104	123	33.72	5 036.60	279.50	1 122.70
宁　夏	0	—	—	—	—	—	—
新　疆	1	12	20	80.60	450.00	14.00	350.00

10-4 全国一星级饭店的营业收入总额

单位：万元

地　区	营业收入	#客房	#餐饮
总　计	**23 631.87**	**9 612.68**	**8 165.36**
北　京	5 771.20	2 966.70	2 150.30
天　津	—	—	—
河　北	1 211.30	356.80	807.30
山　西	—	—	—
内蒙古	—	—	—
辽　宁	278.80	241.60	27.20
吉　林	—	—	—
黑龙江	253.00	150.60	102.40
上　海	330.65	150.80	172.85
江　苏	—	—	—
浙　江	1 786.05	450.14	1 263.03
安　徽	45.45	42.70	0.00
福　建	1 220.30	62.50	1 157.80
江　西	—	—	—
山　东	—	—	—
河　南	37.70	37.70	0.00
湖　北	1 330.60	897.50	404.10
湖　南	1 366.07	908.78	368.31
广　东	499.45	123.50	389.90
广　西	160.00	130.00	26.00
海　南	343.86	307.79	0.00
重　庆	—	—	—
四　川	699.59	146.28	420.31
贵　州	1 126.93	1 107.23	14.90
云　南	1 535.87	1 117.88	404.99
西　藏	—	—	—
陕　西	—	—	—
甘　肃	148.45	121.89	21.97
青　海	5 036.60	271.30	5.00
宁　夏	—	—	—
新　疆	450.00	21.00	429.00

10–5 全国一星级饭店的营业收入构成

地 区	营业收入（万元）	#客房（%）	#餐饮（%）
总 计	**23 631.87**	**40.68**	**34.55**
北 京	5 771.20	51.41	37.26
天 津	—	—	—
河 北	1 211.30	29.46	66.65
山 西	—	—	—
内蒙古	—	—	—
辽 宁	278.80	86.66	9.76
吉 林	—	—	—
黑龙江	253.00	59.53	40.47
上 海	330.65	45.61	52.28
江 苏	—	—	—
浙 江	1 786.05	25.20	70.72
安 徽	45.45	93.95	0.00
福 建	1 220.30	5.12	94.88
江 西	—	—	—
山 东	—	—	—
河 南	37.70	100.00	0.00
湖 北	1 330.60	67.45	30.37
湖 南	1 366.07	66.53	26.96
广 东	499.45	24.73	78.07
广 西	160.00	81.25	16.25
海 南	343.86	89.51	0.00
重 庆	—	—	—
四 川	699.59	20.91	60.08
贵 州	1 126.93	98.25	1.32
云 南	1 535.87	72.78	26.37
西 藏	—	—	—
陕 西	—	—	—
甘 肃	148.45	82.11	14.80
青 海	5 036.60	5.39	0.10
宁 夏	—	—	—
新 疆	450.00	4.67	95.33

10-6 全国一星级饭店每间客房的收益

地 区	饭店数（家）	饭店规模		客房出租率（%）	每间客房年收入（万元）
		客房数（间/套）	床位数（张）		
总 计	**91**	**4 360**	**7 681**	**49.26**	**5.42**
北 京	10	771	1 294	65.60	7.49
天 津	0	—	—	—	—
河 北	2	171	308	51.90	7.08
山 西	0	—	—	—	—
内蒙古	0	—	—	—	—
辽 宁	3	125	185	53.44	2.23
吉 林	0	—	—	—	—
黑龙江	1	64	110	60.00	3.95
上 海	1	48	97	54.92	6.89
江 苏	0	—	—	—	—
浙 江	8	351	613	35.78	5.09
安 徽	1	32	62	52.21	1.42
福 建	1	28	54	49.28	43.58
江 西	0	—	—	—	—
山 东	0	—	—	—	—
河 南	1	42	85	50.00	0.90
湖 北	4	209	430	34.17	6.37
湖 南	4	240	413	60.09	5.69
广 东	2	146	272	42.03	3.42
广 西	1	32	55	55.00	5.00
海 南	3	186	300	57.94	1.85
重 庆	0	—	—	—	—
四 川	3	167	289	17.55	4.19
贵 州	14	566	856	57.51	1.99
云 南	24	873	1 738	45.96	1.76
西 藏	0	—	—	—	—
陕 西	0	—	—	—	—
甘 肃	6	193	377	29.24	0.77
青 海	1	104	123	33.72	48.43
宁 夏	0	—	—	—	—
新 疆	1	12	20	80.60	37.50

10-7 全国一星级饭店的人均效益

地　区	全员劳动生产率（万元/人）	人均实现利润（万元/人）	人均占用固定资产原价（万元/人）	年末从业人员（人）
总　计	**12.35**	**2.81**	**14.02**	**1914**
北　京	15.68	0.86	1.77	368
天　津	—	—	—	—
河　北	8.71	0.44	5.26	139
山　西	—	—	—	—
内蒙古	—	—	—	—
辽　宁	6.80	-7.55	101.56	41
吉　林	—	—	—	—
黑龙江	7.91	-0.01	13.45	32
上　海	20.67	-4.55	15.52	16
江　苏	—	—	—	—
浙　江	9.11	-0.92	8.90	196
安　徽	5.68	-1.87	29.52	8
福　建	29.76	2.71	9.69	41
江　西	—	—	—	—
山　东	—	—	—	—
河　南	3.77	0.19	14.91	10
湖　北	10.08	0.07	12.06	132
湖　南	9.17	1.17	15.67	149
广　东	4.62	13.02	15.47	108
广　西	10.67	0.00	30.00	15
海　南	6.03	4.63	20.49	57
重　庆	—	—	—	—
四　川	9.09	1.80	18.68	77
贵　州	10.34	2.84	23.38	109
云　南	6.12	-0.37	19.38	251
西　藏	—	—	—	—
陕　西	—	—	—	—
甘　肃	2.65	0.03	9.57	56
青　海	82.57	53.07	18.40	61
宁　夏	—	—	—	—
新　疆	9.38	0.35	7.29	48

责任编辑：王　军
责任印制：冯冬青

图书在版编目（CIP）数据

中国旅游统计年鉴：副本. 2016 / 中华人民共和国国家旅游局编. -- 北京：中国旅游出版社, 2016.12
ISBN 978-7-5032-5743-8

Ⅰ. ①中…　Ⅱ. ①中…　Ⅲ. ①旅游业－统计资料－中国－2016－年鉴　Ⅳ. ①F592-66

中国版本图书馆CIP数据核字（2016）第306086号

书　　名：中国旅游统计年鉴（副本）2016

作　　者：中华人民共和国国家旅游局
出版发行：中国旅游出版社
（北京建国门内大街甲9号　邮编：100005）
http://www.cttp.net.cn　E-mail:cttp@cnta.gov.cn
发行部电话：010-85166503
排　　版：北京中文天地文化艺术有限公司
印　　刷：北京工商事务印刷有限公司
版　　次：2016年12月第1版　2016年12月第1次印刷
开　　本：787毫米×1092毫米　1/16
印　　张：10.5
字　　数：200千
定　　价：120.00元
I S B N　978-7-5032-5743-8